U0501043

叶梓 著

何以是江南

世界遗产和人类非遗图谱上的中国苏州

苏州新闻出版集团

古吴轩出版社

图书在版编目（CIP）数据

何以是江南：世界遗产和人类非遗图谱上的中国苏州 / 叶梓著. -- 苏州：古吴轩出版社，2024.7
ISBN 978-7-5546-2364-0

Ⅰ.①何… Ⅱ.①叶… Ⅲ.①非物质文化遗产—介绍—苏州 Ⅳ.①G127.533

中国国家版本馆CIP数据核字（2024）第103714号

责任编辑：周　娇
装帧设计：韩桂丽
责任校对：黄菲菲
责任照排：青　裳　吴　静
图片提供：蔡霞明工作室　毛世奇　谈晓华　周　静　韩桂丽

书　　名：何以是江南——世界遗产和人类非遗图谱上的中国苏州
著　　者：叶　梓
出版发行：苏州新闻出版集团
　　　　　古吴轩出版社
　　　　　地址：苏州市八达街118号苏州新闻大厦30F
　　　　　电话：0512-65233679　　　邮编：215123
出版人：王乐飞
印　　刷：苏州市墨利印刷有限公司
开　　本：787mm×1092mm　1/32
印　　张：7.5
字　　数：110.5千字
版　　次：2024年7月第1版
印　　次：2024年7月第1次印刷
书　　号：ISBN 978-7-5546-2364-0
定　　价：58.00元

如有印装质量问题，请与印刷厂联系：0512-66619266

园林

大运河

昆曲

古琴

香山帮

缂丝

宋锦

端午

碧螺春

园
林

大运河

昆曲

放手放手呸（臨）才将這奴女女株李門堦險囲叮嘱三氣死我也明日告訴相公我

把負荊人嚇煞 治他（囲）好你去責治他（囲）哟賤人拾起

要辭舘了（旦）先生請息怒待學生責

來囲是（囲）取來（囲）送與先生罷（囲）胡說對先生跪了（囲）跪了

小姐罷（囲）胡說賤人賤人自古一日為師終身為父難道先

生打你不得（囲）是吓難道我倒打你不得（囲）反去唐突先生

今後呵

（前腔）手不許把鞦韆索拿脚不許把花園路

（齒）把眼 睛瞧

蹋這招風嘴把香頭去灼瘢罷（囲）連招花眼把

衙止不過識字兒書塗嫩鴉的趁月光的待映月　書有囊螢　〔東〕還有

耀蟾蜍眼花待囊螢把虫蟻兒活支的哩　懸樑刺股

煞比似你懸了樑損頭髮刺了股添瘢疵有

甚光華占連　小姐聽一聲聲賣花把讀書聲差

圍吓三又來引逗小姐　如今真要丁了添面

〔內介白〕賣花。

古琴

香山帮

宋锦

端午

碧螺春

何·以·是·江·南

目　录

世界遗产

第一卷

园林的雪

1

我去过的第一座苏州园林，是怡园。

十几年前，我还在杭州的一家报社谋生。当时年轻，意气风发，想给江南的藏书楼写一本书。于是，看完了绍兴的古越藏书楼、宁波的天一阁后，就马不停蹄地直奔苏州寻访过云楼。过云楼和怡园的关系，此处不赘述，总之，我的怡园之行是寻访江南藏书楼的"副产品"。陪同者江少莉，一个福建女孩子，南京大学毕业后就职于苏州图书馆，执编馆刊《今日阅读》。她带我先去看声名显赫的过云楼，结果大门紧闭，什么也没看到。我隔着一道门朝里瞅了几眼，望楼兴叹了一会，在路边抽了一支烟，就不无遗憾地去了一墙之隔的怡园。关于那次怡园之行，我写过一篇《一个怡园的下午》，述写在怡园的种种见闻。平心而论，怡园之美最让我动心的倒是园主顾文彬一家三代的过往岁月，以及坡仙琴馆里的风雅往事。

一座怡园，是一个家族与书画、文艺密切交集的时代切片，雅致得如同历史之手安放在苏州城里的一间琴室，珍藏着文人墨客的情怀与往事。站在怡园，我想，要是像当年的顾家主人那样，在这样的园子里填词写诗、抚琴喝茶，该是多么静好的岁月啊。后来，我得缘收藏了一套过云楼藏书，细细品读，纸上的怡园往事又让人唏嘘不已。然而，彼时的我，只是一介匆匆游客，很快又隐身漂泊于如云的茫茫尘世间。

但那一天的怡园，在我心底埋下了一粒风雅的种子。

2

2015年，机缘巧合，我从杭州移居苏州，在一家文化单位谋生。相对清闲的工作环境，让我有了宽裕的时间和近水楼台的便利去走近一座座咫尺之隔的园林。更重要的是，此时的我终于可以掸落游客外衣上的尘埃，以半个主人或者新苏州人的身份从容寻访。

在此之前，有三本书，让我多了些许底气。

一本是计成的《园冶》，一本是陈从周的《苏州园林》，还有一本是当代苏州才子蒋晖的《园林卷子》。有好几年，这三本书都是我的床头书，每天夜里翻几页，有一搭没一搭地翻，时间久了，一座座园子的历史和大致模样渐次清晰。这三本书让我的园林知识储备不至于那么单薄，也让我在纸上寻找到了一条通往现实园林的秘密途径。

《园冶》，几乎是一本旷世奇书。计成在造园之余，将其心得记录成册，遂成《园冶》。作为中国古代第一本园林理论专著，其堂奥之处需要逐字逐行地慢慢理解，但像我这样的门外汉，似是而非地读，竟然也粗通了它的深意。

陈从周，被誉为"现代园林之父"，也是国内最早研究徐志摩的学者，新中国成立后才致力于园林研究。他的《说园》是一部打通了历史文艺与园林学术研究的随笔集，而1956年出版的《苏州园林》作为国内第一本研究苏州园林的专著，首次提出的"江南园林甲天下，苏州园林甲江南"的论断虽是一家之说，但很快得到广泛认同。

蒋晖，是我至今未曾谋面的一位苏州才子。出版界的朋友张颖多次组局，可惜我总是俗事缠身，至今也是缘吝一面。但他的《园林卷子》却把往事纷披的园林历史写得飘逸灵动，我不止读过一遍。

3

　　渐渐地，苏州园林的历史轮廓，在我的脑海里清晰起来。

　　如果说江南园林是一首美好的绝句，那么，苏州园林就是这首绝句里当之无愧的诗眼，以独特显要的位置夺人眼球。而且，苏州园林从一开始就以浓郁的文人气质直抵人心。遥远的魏晋南北朝，是中国古代史上跌宕起伏的年代之一，北方少数民族内迁导致汉民族失去对北方的控制，门阀斗争又让南方小朝廷的政权更迭不断，无论是士族达贵还是黎民百姓，都陷入一种朝不保夕的恐惧当中，一部分士大夫明哲保身，刻意和现实保持距离。在这样的时代背景下，江南园林应运而生。彼时，虽然没有明确提出老庄哲学，但从"虽由人作，宛自天开"的叙述中可以看出，江南园林与"道法自然"的天地观基本吻合。当然，江南园林也走过了一条漫长的发展之路，在"破"与"立"中历久弥新。穿过大唐盛世，随着经济重心在宋代南移，苏州园林迎来一次营建高潮。到了明代，苏州文人的广泛参与让苏州园林从江南园林中脱颖而出，成为一个大放异彩的独特存在——史料记载，明代的苏州园林多达271处；清代减半。2018年第四批《苏州园林名录》公布的数量，是108处。

以拙政园为例，原址是唐代诗人陆龟蒙的一处旧宅，明时只是一座普通农庄，监察御史王献臣结束十几年坎坷的仕途生涯回到家乡后买了下来，作为隐居的场所罢了。但在文徵明等一批文人雅士的精心策划下，从一草一木、一砖一石开始，积累经营，积久成园。王献臣死后，其子豪赌，于一夜间把园子输给徐氏。此后，园子荒了建，建了又荒，仿佛中了"魔咒"，故事很是跌宕。

一座拙政园，园主频繁更换，前后共有30多任园主。但若从文徵明的文（《王氏拙政园记》）与画（《拙政园三十一景图》）算起，包括唐寅、仇英、王宠在内的吴门雅士都曾为拙政园挥毫泼墨，赋诗撰文者不计其数。如果把它们辑合成册，也是一册蔚为壮观的诗书画集。假如离开这些诗词书画的加持，拙政园也就是个园子，绝不会成为声名显赫、冠绝江南的文化空间，更不会成为江南生活美学的标杆。

4

一次，书友苏砚赠我一册《苏州游记选》，1986年的内部刊印本。此书的编选是为了配合苏州建城2500年的纪念活动，相关单位组织专人从浩繁的历史文章里选辑了有关苏州的游记文章。薄薄的一百余页，一周的时间就翻完了。书中有一篇苏舜钦的《沧浪亭记》，不长，兹录于此：

予以罪废无所归，扁舟南游，旅于吴中，始僦舍以处。时盛夏蒸燠，土居皆褊狭，不能出气，思得高爽虚辟之地，以舒所怀，不可得也。一日过郡学，东顾草树郁然，崇阜广水，不类乎城中。并水得微径于杂花修竹之间，东趋数百步，有弃地，纵广合五六十寻，三向皆水也。杠之南，其地益阔，旁无民居，左右皆林木相亏蔽。访诸旧老，云："钱氏有国，近戚孙承佑之池馆也。"坳隆胜势，遗意尚存。予爱而徘徊，遂以钱四万得之，构亭北碕，号"沧浪"焉。前竹后水，水之阳又竹，无穷极。澄川翠干，光影会合于轩户之间，尤与风月为相宜。予时榜小舟，幅巾以往，至则洒然忘其归。觞而浩歌，踞而仰啸，野老不至，鱼鸟共乐。形骸既适则神不烦，观听无邪则道以明。返思向之汩汩荣辱之场，日与锱铢利害相磨戛，隔此真趣，不亦鄙哉！噫！人固动物耳。情横于内而性伏，必外寓于物而后遣；寓久则溺，以为当然，非胜是而易之，则悲而不开。惟仕宦溺人为至深，古之才哲君子，有一失而至于死者多矣，是未知所以自胜之道。予既废而获斯境，安于冲旷，不与众驱，因之复能见乎内外失得之原。沃然有得，笑闵万古，尚未能忘其所寓目，用是以为胜焉。

一个人的遭际，与一个园子，就这样水乳交融般地连在一起。

读完此文的第二天，我趁热打铁去了沧浪亭。迎接我的是一水襟带，而进入其内，又是曲径通幽，别有一番天地。尽管这里也是几易其主（苏舜钦之后，南宋时园属抗金名将韩世忠，元明两代皆为僧舍），但仍能真切感受到苏舜钦内心的种种悲欢。他遭人排挤，心中的郁闷就是靠这园子排遣的。这一次，我在高高的亭子上读到了之前在书本上屡屡碰到的那副名联：

清风明月本无价

近水远山皆有情

此联上联出自欧阳修的《沧浪亭》，下联出自苏舜钦的《过苏州》。清嘉庆年间，江苏巡抚、楹联大师梁章钜修复沧浪亭时集成此联。上下两联相映成辉，浑然一体，遂成名联。

秋风过处，飒飒的竹叶声里时光默默流淌，而远山近水间又有多少人能记住第一任园主苏舜钦的苍凉心境啊！

5

和沧浪亭不同的是，退思园不在苏州老城，而在古镇同里。

不知从何时开始，江南一带的古镇成了热度不减的旅游目的地，同里古镇就是其中之一。所以，退思园也当仁不让地成了万千游客的寻访之地，逢上小长假，总是人满为患。这座始建于清光绪十一年（1885）的园子，主人叫任兰生。光绪十年（1884），内阁学士周德润弹劾任兰生盘踞利津、营私肥己。次年，他落职回乡，遂举资造园。其弟任艾生在一首诗里既为其鸣不平，又真心劝诫："题取退思期补过，平泉草木漫同看。"句子取的是《左传》里"进思尽忠，退思补过"之意，这也正是退思园之名的由来。园子的设计者袁龙，是清末苏州府的一位高士，善画、懂词曲、工诗文、富有藏书，曾自建小园复斋别墅，据传风格颇得元代画家倪瓒的精髓。袁龙巧妙利用不足十亩的地方，设计了坐春望月楼、琴房、退思草堂、闹红一舸、眠云亭等建筑，使退思园处处蕴涵着儒释道等古典哲学和山水诗画的韵味，成为苏州园林里以诗文造园的典范之作。尤令人称奇的，是月洞门右侧造型各异的漏窗内镶嵌的"清风明月不须一钱买"，字体是秦始皇统一文字前的大篆——这不仅是我国最早的籀刻文字，而且在江南园林中极为罕见。

只是，任兰生一天也没在园子里住过，不能不说是莫大的遗憾。

园子刚刚建成，任兰生被复职。这一年黄河决堤，他被派往安徽救灾，"周历灾区千百余里，冒雪奔驰，问民疾苦"。第二年，又突发大水，任兰生"飞骑巡视，马惊伤尾闾，病疽，竟于四月十九日卒"。就这样，任兰生48岁的生命终结于公务之上，只落下一个内阁学士的美名。新中国成立前，退思园还是任氏后人的私园，但年久失修，有些败落。新中国成立后，收归公有，地方工会组织、职业夜校都曾在此办过公，其东侧一度还是大炼钢铁时代的指挥部，炉群耸立，再加之后来的十年浩劫，园中可谓满目疮痍。直到1980年，苏州市政府组建修复专班，开始修缮。1999年6月，一场关于"退思园历史文化、造园艺术"的研讨会在这里隆重召开，嘉宾云集，作为水乡古镇和住宅园林完美结合经典范例的退思园，算是正式进入世人视野。我之所以如此絮叨又不厌其烦地讲述它的历史，是因为退思之名太让人浮想联翩了。每次从退思园回来，我都不停地追问自己：要不要有朝一日也退守家乡的老宅安度晚年呢？

也许，每个人的内心深处，都有一座自己的退思园，或大或小，或精致，或古朴。

6

我是冲着那尊冠云峰，一次又一次前往留园的。

太湖石是时间的馈赠，以漏、透、皱、瘦的鲜明特点立于中国石林。从白居易的《太湖石记》到杜绾的《云林石谱》，再到

何以是江南

范成大《太湖石志》的点滴记录，太湖石一直是山水庭园和文人案头的必备之物。而留园，不仅以奇石众多著名，园内的冠云峰还是江南四大奇石之一——另外三石，分别是苏州十中的瑞云峰、上海豫园的玉玲珑和杭州江南名石苑的绉云峰。

相传为宋代花石纲遗物的冠云峰，因石巅高耸、四展如冠而得名。还有一种说法，说其名出自《水经注》里"台有三峰，甚为崇峻，腾云冠峰，高霞翼岭"之句。冠云峰所在的庭院，中心是一泓池水，曰浣云沼，池北立冠云峰，瑞云峰、岫云峰屏立左右，它们是留园声名远播的"姐妹三峰"。太湖石的多孔与玲珑别透，"乃太湖石骨，浪击波涤，年久孔穴自生"——恰好，冠云峰有了留园的芭蕉、绿水、古木的映衬，仿佛是从漫长的时间黑夜里穿越而来。

江南秋日的隐隐桂香里，冠云峰给了我如遇古人的恍惚之感。

耳际，风吹太湖的声音总是经久不散。

7

南宋淳熙初年，官至吏部侍郎的史正志，绝意归老姑苏。

一个丹阳人，官场一圈晃荡下来，还是觉着江南适人老，就在苏州置办家业，修筑宅院。史正志所筑之处，因藏书籍四十二橱，几近万卷，就取名"万卷堂"。他还给花圃取名"渔隐"。花圃里植牡丹五百株，兼有其他花卉树木。他每天垂钓养花，读书著述，自号"乐闲居士""柳溪钓翁""吴门老圃"，一派逍遥。

一个曾经跟随宋高宗巡察建康、多次建言恢复中原的高官，把自己的晚年就这样安放在一座小小的宅院里。每天面对花圃之美，史正志有了给菊花写谱的雅兴。自宋以降，给植物写谱立传是文人的风尚之一。他偏爱菊花，就率兴而为，动笔写菊谱。书成于淳熙二年（1175）九月，后来被称作《史氏菊谱》，是宋代留存至今的苏州四大菊谱之一，共录菊花二十八种，至今仍是花卉研究者的必读经典。他在前言里这样写道："自昔好事者为牡丹、芍药、海棠、竹笋作谱记者多矣，独菊花未有为之谱者，殆亦菊花之阙文也矣欤？余姑以所见为之。"看得出，史正志以自己的养菊经历为蓝本，介绍菊花花心、花蕊的颜色与形状得心应手。此书与之前的《刘氏菊谱》相比，更加详尽，也为范成大的菊谱提供了不少素材。

史正志一生著述颇丰，据《宋史·艺文志》和光绪《丹阳县志》记载，除《菊谱》一卷外，他还著有《清晖阁诗》《菊圃集》各一，编有《乾道建康志》十卷、《保治要略》八卷、《恢复要览》五篇。淳熙六年（1179），史正志因疾而逝，享年60岁。

史正志当年所筑的万卷堂，由宋至清，几易其主。差不多在乾隆年间，光禄寺少卿宋宗元将其命名为"网师园"。"网师"是古时对渔夫的称呼，可见此名仍是受了史正志"渔隐"的影响。

这就是网师园的前世。

现在的网师园，有一株古柏，乃史正志手植。本为两株，相伴相生八百余年后，西侧的一株枯死了。大厅的万卷堂，就是史正志的书房，堂前抱柱上有副楹联，云：

> 南宋溯风流，万卷堂前渔歌写韵；
> 蓊溪增旖旎，网师园里游侣如云。

8

我在苏州已经生活了快十年，艺圃却只去过两次。

第一次，是跟一帮朋友去延光阁喝茶。苏州人是经常跑到园林里去喝茶的。延光阁的茶，碧螺春居多，也有西湖龙井、安吉白茶，但我要了一杯东山炒青——炒青味道醇厚，还便宜。我跟陌生的茶客，各占一座，度过了一个无聊又漫长的下午。也没到处逛，这样也挺好。文彭的孙子文震孟在这里读书的往事，我早就了然于心；后来，差不多是顺治年间，园子过手到山东莱阳人姜埰的故事，我也略知一二。再后来，园子又到了一个苏州丝绸商人的手里。园子还是那个园子，但主人一直在变，名字也在变，从"药圃"到"敬亭山房"，再到"艺圃"，及至后来的"七襄公所"。一座园林也是"铁打的营盘流水的兵"啊，流走的只是似水流年。

这一次，我记住了艺圃最大的妙处，就是车子开不到门口，无论是达官显贵，还是贩夫走卒，都得走好长一截子路，才能到。

第二次去，是带着儿子参加一个园林研学游活动。

儿子来苏州读高中，热心的朋友们都在介绍各种初升高的衔接班，说木渎高中的孩子个个是学霸，要提早进入"战斗"状态。可他偏偏要玩，那好吧，就带他逛逛。陆巷古村、同里古镇、吴文化博物馆，能看的都看了，恰好朋友圈里看到梁淮山组织的走读园林的信息，就报了名，不贵，两个人120元。一个人到了新地方，了解下历史终归是有用的。活动安排在下午，天很热，2021年，秋老虎大驾光临，气温飙到39摄氏度。我跟儿子早早到了艺圃门口，等待集结。人齐了，授课老师卢锟先给大家发放资料，人手一份，粗粗一翻，内容很扎实。儿子跟着大部队，听得很认真。我缩在后边拍拍照，偶尔也听听。这一次，我意外获悉，在苏州大大小小的园林里，每天都有几十支甚至上百支这样的研学游队伍——苏州大学中文系毕业的梁淮山专事此行也有好几年了，每天的行程排得满满当当，半公益性质，旨在推广阅读，书香家庭、私营企业、学校、精品旅游团队都有这样的文化需求。苏州园林正在以这种且游且读的方式被更多的人接受，这让我有些想不到。

回来的路上，儿子打趣道："艺圃原来的名字叫'药圃'，这个好玩。"

"说是药圃，其实是古人读书的地方啊！"我补充了一句。

"谁信啊。肯定一边读书，一边玩着种药材呢。"

"也不一定。"

"怎么不一定？那时候又没有补习班！"

我竟无言以对。

9

当我在一座座苏州园林里留下自己访古寻旧的身影之后，才发现苏州园林是一口深不见底的古井，越想一目了然，就越看不清，复又陷入另一种痴迷之中。一次次被它离奇的故事、精致的造型、灵动的匠心击中，我，总是一次次醉心于这些细节当中。

比如洞门。

这几乎是一个彻底颠覆我一个北方人认知的建筑概念。之所以叫洞门，是因为最常见的样子是圆洞门，所以也叫月门、月洞门。但它的样子不限于此，还有六角形、八角形，甚至还有葫芦、蕉叶等植物形状的样子。无论它以什么样子出现在你的面前，都能形成一种空间的流动，实现园中有景、景中有景和移步换景的效果，让人体味到建筑的诗意与美学，这也正是洞门的神奇之处。这跟我之前所见过的雄浑粗犷的门，简直是天差地别。也许，这跟苏州人秉性里的含蓄委婉也息息相关吧。

比如花窗。

稍微细心一点的人就会发现，陈从周《苏州园林》的封面上，就印着一幅窗景，那是留园石林小院之南"洞天一碧"小屋内的"六角"空窗。我专门去留园看过这扇花窗，站在窗前，一眼望去，墙隅空地生长的修竹与秀石尽收眼底，极富雅意。事实上，苏州园林里的植物、建筑、假山等诸多"园素"都是经由花窗连接的。花窗就像一根线，把一个个点串在一起，甚至可以更大胆地说，每一座苏州园林都是一座花窗的博物馆。若从类型区分，有空窗、半窗、纱窗、和合窗、漏窗、横风窗和地坪窗，等等——当我彻底弄清这些，对园林也算有了一知半解。最深入我心的倒是半窗，也就是安装于半墙之上的窗。沧浪亭的翠玲珑，一处绝佳的观竹小品，南北两墙各布置一排半窗，落座室内，满院鲜翠就能映入眼帘，十分惬意。

再比如书房。

作为一介自命不凡的当代书生，我对旧时书房有着发自肺腑的亲近感。所以，堪称苏州园林标配之一的一座座书房，也是我的重游之地。拙政园里从梦隐楼变迁而来的见山楼，留园石林小院里取意于陶潜《读山海经》诗"既耕亦已种，时还读我书"的还我读书斋，网师园的五峰书屋和殿春簃以及沧浪亭的闻妙香室，都留下了我一次又一次寻访的足迹。而沧浪亭对面的可园，就是一座书院园林。它本为沧浪亭的一部分，嘉庆十年

（1805）归正谊书院使用，光绪年间又改为学古堂，附设藏书楼；1914年，被辟为江苏省立第二图书馆，也就是如今苏州图书馆的前身。这一座座藏于园林深处的书房，内敛，不事张扬，既是园主的心意体现，也印证了苏州儒雅的脾性。

苏州园林，就是一个美美与共的庞大系统，随意抽出一块，都是一门博大精深的学问，值得穷尽一生去研究、考证。

10

2020年春天，观前街巷深处的慢书房。

这个有点逼仄但很有品位的独立书房，挤满了人，我也是其中之一。我是从宝带东路的寓所辗转而来的，只为了听一场有关园林的讲座。主讲者柯继承是园林专家，他携爱女柯怡雯主讲园林花卉。就在前几天，我和柯老先生一起应邀参加姑苏区吴门桥街道一个有关石湖串月的论证会。因为疫情之故，大家来去匆匆，均未多言。这一次，我坐在书房一隅，听他讲述苏州园林跟花卉的无尽关系，见识了他学识的渊博。

讲座的缘起，是他和女儿合著出版的一册《园林花笺》。他们在书中阐释了这样一个观点：园林是种出来的。

这真是一个石破天惊的提法。

但细细一想，何尝不是呢？

园林里的每一朵花、每一株树，极有讲究，也富有深意，它们在遵守四季轮回的同时，暗含着春种夏忙秋收冬藏的时间秩序，烙上了农耕文明的深深印痕。一座园林，说到底，不外乎理山、叠水、建筑、花木。以前，我总是在前三者上拼尽全力，力图粗通，对花木几乎熟视无睹。但自此之后，我的园林之游和花木有了进一步的亲近，也多出了些极有趣味的仪式感。比如，去狮子林看梅花，去艺圃看蔷薇，去拙政园看荷花和紫藤，去沧浪亭看兰花，去网师园看二乔玉兰，每一次有心无心的追寻仿佛都是踩着节气的律动，去触摸古人的心跳与呼吸。

11

夜晚的阔家头巷，游人比白天多。

那是因为这里有一个将园林和昆曲融合的旅游项目：游园今梦。早在20世纪90年代，网师园就开放了夜花园。而现在网师园的"游园今梦",是把园林与昆曲杂糅,全新打造的一个体验式和实景化的文旅项目,古筝、箫、古琴、昆曲《游园惊梦》、折子戏《访鼠测字》以及温软的评弹在这里都会不期而遇。如梦似幻的夜游,口碑渐佳,从而成为联合国教科文组织推荐的特定旅游项目。

有一年,我在网师园看《牡丹亭·游园》,就遇到了这样的场景:杜丽娘和柳梦梅从石板曲桥款款而来,到了月到风来亭,复从濯缨水阁离开,水映人影,人在夜中,亦真亦幻。

后来,在沧浪亭,我有幸观赏了园林版的昆曲《浮生六记》。

一册薄薄的《浮生六记》,沈复用追忆的笔法将他和芸娘的日常生活记录成一个个令人潸然泪下的温情细节,不仅打动了俞平伯、林语堂等文学大师,也让他们的故事家喻户晓。而园林版的昆曲《浮生六记》,就是以一种浸入式的方式将实景园林跟新编昆曲有机结合起来,融入苏扇、苏绣、明式家具、碧螺春茶艺、糕点制作等苏州生活风情,很是唯美。我跟随着"沈复"和"芸娘",从沧浪亭对面的可园,移步换景,一直到沧浪亭的假山前。这条线路既是游园之路,也是剧情起承转合的脉络。等一出戏看完,恍然觉着夜色里的沧浪亭就是一支凝固下来的昆曲。

演出结束,我跟饰演沈复的演员简单交流了几句。他是江苏省昆剧院的演员,为了演出,专门从南京赶过来。众人散去,他又在万家灯火的夜色里折返南京,先乘高铁,再转出租车,到家要花两个多小时。

那一夜,我记住了这份名单:

原著:沈复(清)

总策划:蔡少华

编剧:周眠

导演:刘亮佐

执行导演:吕福海

12

不得不承认,园林是苏州递给世界的一张文化名片。

然而,我却一直在想,为什么苏州能够留下来数量如此壮观的园林呢?查阅史料,略通其理。新中国成立后,百废待兴,在那个"勒紧裤腰带"过日子的艰苦岁月，苏州仍然坚持保护和修复历史文化遗产，应运而生的园林管理处，专业人士负责，资金专款专用，探索出了政府统一保护管理的崭新模式。苏州园林，正是在这样的背景下得以保存。在当时全国各地大拆古建的现实面前，苏州是中国古城保护最好的城市之一。

当然，也离不开有识之士的加倍呵护。

尤其在那个动荡年代，当园林成为"破四旧"的重点对象，古典园林被随意改名，大量陈设、匾额、碑刻以及古书典籍遭到严重破坏时，苏州的园林干部、园林专家学者在"造反派"的围追堵截之下设法保护了它们。改革开放初期，一个叫吴亮平的人，将一份《关于苏州园林名胜遭受破坏的严重情况和建议采取的若干紧急措施的报告》呈报中央，很快得到有关领导的高度重视和批复，苏州园林迎来了又一个春天。回望历史，从动荡中受损到抢救性修复，从科学保护管理到走出国门，苏州园林不仅仅是一座城市的旅游品牌，更是中国文化、中国制造走出去的一座桥梁。

2017年，我在《苏州日报》上读到了这样一条醒目的标题：苏州园林"走出去"在世界各地造园。消息称，新华社近期发布了一组园林美图，峰、石、轩、廊、景墙、洞门等苏州园林元素一应俱全，但并非取景苏州园林，而是美国洛杉矶的流芳园。不得不承认，国外造园是苏州最为独特的文化输出，而它的历史要追溯到1980年。是年五月，以苏州网师园殿春簃为蓝本设计的明轩，在美国纽约大都会艺术博物馆建成，这是苏州园林走出国门的第一步。此次海外造园，也得到了高层的重视：楠木是从四川特批的，砖瓦是苏州的陆墓御窑烧制的。参加过明轩建造的薛福鑫是中国首个国家级香山帮非遗传承人，当年他带着儿子薛林根远赴美国，苦干几个月。在一册资料里我见过一张薛福鑫老先生建造明轩的工作照，真是意气风发。

如果从1980年明轩落户美国纽约大都会艺术博物馆算起，此后的四十多年间，中国在世界各地修建的具备一定规模的中式园林多达四十多座。从美洲到非洲再到欧洲，从加拿大温哥华的逸园到新加坡的唐城，从美国的兰苏园到法国里尔街的湖心亭，一座座异域的苏州园林，用中国之美讲述着中国故事。

苏州园林是集建筑、植物、水体、山石、铺装等元素于一体的艺术综合体，在海外造园，过程何其艰难。所以说，这些落户异国他乡的中国园林，已经超越了园林本身的建筑意义，升格为中外文化交流的一种方式,更是世界各地了解中国人对世界、对自然的美学追求的一本生动教科书。

13

谢孝思,是苏州园林史上无法绕过的一个当代人物。

这位被誉为"世界文化遗产守护人"的贵阳人,和苏州结下了整整一个甲子的缘分。新中国成立之初,他一身多职,兼任苏州市政协副主席、市文联副主席、市文教局局长以及苏州园林修整委员会主任委员。保护苏州古城,抢救战火中几近荒废的苏州园林,既是他作为一个文化学者的不懈坚持,也是他作为一个城市管理者的使命与担当。拙政园、留园、虎丘塔,都是在他的主持下恢复旧观的。2008年,这位可敬的老人溘然长逝,享年104岁。虽然,我抱憾于未能谋其一面,但在日常生活里总能跟他"不期而遇":纪录片《苏园六纪》里出镜的他精神矍铄,案头之书《苏州园林品赏录》就是他90多岁高龄时主持编撰的一册礼品之书,天平山下范仲淹裔孙范必英之墓的碑文由他书写,怡园主厅的屏门上还能见到他的墨宝《怡园记》……

甚至，在星光璀璨的夜空里，有一颗行星，就叫谢孝思星。

天上的每颗小行星，都有自己的名字，这个名字可以根据发现者意愿，经国际组织审核批准命名从而得到国际公认。当然，由于小行星命名的严肃性和不可更改性，能够获得小行星命名也是一项世界公认的殊荣。2007年8月16日，中科院紫金山天文台在盱眙观测站发现了编号为204836的小行星——发现之时，它正以一个近似于圆形的轨道绕日公转。为了纪念这位老人，苏州有关方面提出了将此小行星以谢孝思先生的名字命名的想法。此提议经由紫金山天文台小行星命名委员会审核，又经国际小行星中心审核批准，后向各国天文台发出公告。整个过程漫长又充满期待。

庆幸的是，最终获得通过。

本来，以个人名字命名的小行星就不多——当然不是没有，也有，但以科学家居多，文化名人则少之又少。谢孝思先生以他在世界文化遗产、苏州古城保护上的功勋而获此殊荣，让人不禁想起了这个词：

寥若晨星！

14

1997年12月4日，在遥远的意大利那不勒斯，联合国教科文组织第21届世界遗产委员会会议如期召开，以拙政园、留园、网师园、环秀山庄为例证的苏州古典园林进入世界遗产名录。时隔三年，2000年11月30日，在澳大利亚凯恩斯召开的联合国教科文组织第24届世界遗产委员会会议上，沧浪亭、狮子林、艺圃、耦园和退思园作为"苏州古典园林"的扩展项目，再获批准。

——请注意，我们常常挂在嘴边的苏州园林，在进入世界遗产名录时，名字略有变化，多出"古典"二字。尽管之前我的叙述也一直是以苏州园林来行进，这确实是为了叙述的方便。事实上，苏州古典园林里的"古典"一词，意义太重大了，它所承载的分量不亚于园林本身。"古典"一词嵌在"苏州园林"中间，并不是可有可无的，而是不可或缺的，因为它是苏州城市风貌特色的浓缩，是苏州民俗生活的映现，也是传统工艺技术的"文化记忆"，更让我对苏州园林在以下几个方面有了更深的体悟：一、在世界造园史上的历史地位和价值；二、写意山水艺术思想的融入；三、良好完美的居住条件；四、丰富的社会文化内涵；五、是造园艺术的典范也是园林理论研究的重要范本。其实，这五条内容不是我自己总结体悟的，而是在一次讲座上，被我工工整整地记录下来的。主讲者沈亮，是苏州园林申遗的参与者和见证者。苏州园林的申遗之路，经过一个个难关、一次次惊险，又经过一轮轮的评估，最后终于迎来成功！

和这些闻名遐迩的园林相比，我也喜欢抽点时间去一些并不热门甚至有点冷僻的园林。它们小，精致，游人稀少，像一个个惹人怜惜的女子，深藏在姑苏城里——

柴园：在醋库巷，一条听起来很有人间烟火气的小巷，44号。道光年间是潘曾琦的宅园，光绪年间由浙江上虞柴安圃购得重修，故称"柴园"。现在的柴园，被辟为苏州教育博物馆，这真是一个富有创意的决定。在一座小小的园林里，不仅能感受到亭台楼阁之美，还能穿越时间的长廊，洞悉苏州这座文脉之城的教育历史的辉煌密码。从泰伯建吴，到言偃传学、澹台讲学，再到府学、州学、县学的相继诞生以及书院、社学、义塾的蔚然成风，不得不让人惊叹，苏州在明清能够成为状元之乡，也是春花秋实水到渠成之事。

残粒园：这是苏州最小的园林。有多小？区区140多平方米，跟三室两厅的房子大小差不多，但这里假山、池水、花木一应俱全。有一年，我偶然走进残粒园，被它的小和精致给震惊了——不到残粒园，对"麻雀虽小，五脏俱全"的道理就不会理解得如此真切。

还有朴园。

还有师俭园。

依稀记得，还有畅园、可园、鹤园、天香小筑、听枫园、五峰园，等等，不一而足。它们各有各的小，各有各的精致，都是独一无二的存在。这一座座小小的园林，是苏州园林这本大书里不可或缺的页码，有自己的沧桑往事，也有自己的风流雅韵。它们，就是苏州园林的"别有洞天"，让园林之美说不尽道不完，只在意会间。

15

苏州园林，是万千游客眼里不忍遗漏的景点。

"凡至苏州者不游虎丘，乃憾事也"，但对于一个当代的

"至苏州者"，除了虎丘，除了名气极大的木渎、周庄古镇，园林是必须"打卡"的地方。每年的五一、国庆长假，从四面八方涌来的游客，让一座座园林人头攒动，水泄不通。在他们看来，园林不容错过，看完一个，马不停蹄地再去看下一个，从拙政园到狮子林，从狮子林再到沧浪亭，步履匆匆，一个也不想落下，仿佛要完成一项必须完成的重任。也许，每个到达苏州园林的人，都有一颗热爱美的心。苏州园林似乎也没有理由拒他们于门外，但是，如何将潮涌般的游客有序分解，显然成为苏州园林面临的一个新课题。

几十年前，陈从周老先生感叹过，苏州园林"可是要盖玻璃罩子来善待的宝贝啊"。这是一个多么精妙委婉的比喻啊，老先生对园林的爱惜之心流露无遗。那么，现在的人满为患又该如何解决呢？在我看来，且不去说把有些园林定位和开发成景点本身就值得商榷，仅从流量上讲，现在到了宏观控制的时间了。对列入世界遗产的园林，严格进行容量管理，实行流量控制、错峰游览等措施，从本质和初心上讲，不是闭门谢客，而是对园林的万般呵护。况且，在小长假，像狮子林和拙政园经常出现的人山人海的景象，本身就让游园体验大打折扣，甚至会降低苏州园林的美誉度。

然而,在苏州人的眼里,这一座座园林却是再普通不过的日常:

一个热爱读书的父亲,周末带着儿子,在沧浪亭看山楼下的一角,两个人并排坐着,静静地读一会儿书,然后就回家了。

一个和风吹拂的雨天,三五好友,相约去艺圃喝茶,谈童年的往事。

一个落着雪粒的上午,一个年迈的老人,在同得兴吃完一碗面,突然拐到园林,在一块石头上坐了一会儿,又离开了。

一个老人,在炎炎夏日,坐了一个多小时的公交车,辗转去拙政园里看那一池正在开放的荷花。

——这,就是他们的园林。

诗人车前子是苏州人,写起园林得心应手。他有一本《园林记》,薄薄一册,我读过不止一遍。他把园林写得与众不同,就因为从小生活在苏州的经历。他眼里的园林是旧的,笔下的园林也是日常的,不像一个外地人写园林,走马观花,难免落入游记的俗套。车前子写园林像是说家务事,有柴米油盐的烟火味,有寻常人家的美感与诗意。正是日常的园林,让苏州园林蝶变成

园林苏州。苏州园林是一个名词,而园林苏州则是一份梦想,两者之间,看似只是词序的小小变化,实则富有深意:

苏州园林,是物象的,是一座座建筑;

园林苏州,是抽象的,是一种生活方式,诗意又精致。

16

我从西北打马而来。

作为一个新苏州人,我已经在姑苏城生活了八个年头。大大小小的园林,去了不少,像拙政园这些热门的园林,因为陪同五湖四海的朋友,一年要去好多次。每次回甘肃老家,总有人跟我如此打趣:这些年你可把苏州的园林给逛美了。想想也是啊,粗糙如我的一个西北汉子,因为命运的派遣,在饭稻羹鱼的苏州享尽了园林之美。要说遗憾,也不是没有,那就是我从来没见过大雪下的园林是什么样子。苏州少雪,偶尔飘几片雪花,似乎也跟我无缘——我都恰好在甘肃老家。所以,我至今还没有见到雪中园林的模样,哪怕是些许的雪花,也未曾见过。我不知道,一场大雪扬扬洒洒而来,一片一片地落在园林的亭台楼阁时，苏州的园林，该有多美啊！

如果说被引用得俗滥不堪的"不到园林，不知春色如许"说的是园林能够检阅春色，那么，一场雪则是度量苏州园林历史诗意的一把标尺。

有一年冬天，我在西北老家，梦见苏州下着大雪，吴昌硕在怡园的坡仙琴馆抚琴，被引为弟子的我躬身其侧，时而端水泡茶，时而侧耳细听。等一觉醒来，故园雪落大地，窗外白茫茫一片真干净，而我却不禁奢望起来，要是这场大雪落在苏州，该有多好啊。

忽然，我有点想念苏州的园林了。

2020年12月2日初稿
2021年1月20日再改
2022年2月26日定稿

大运河流过苏州

1

中国大运河是世界上开凿时间最早的巨型人工运河，而它就和苏州息息相关。公元前514年，伍子胥主持建筑阖闾城（今苏州古城），设水、陆城门各八，外有护城河包围，内有水道相连，水门沟通内外河流。吴国逐渐崛起，野心也不断扩大，为了攻打楚国，吴王阖闾命伍子胥开挖一条人工运河，这条曾被叫作胥溪（后称胥河）的河自苏州胥门起，经横塘、木渎、胥口后入太湖，然后从宜兴经溧阳到定埠，再入高淳湖，最后在安徽芜湖通达长江。再往后，公元前486年，吴王夫差在邗城引江水北行入淮河，将江、淮两大水系连接起来，这成为中国大运河的滥觞。

这段历史，在杨循吉的《吴邑志》里就有记载：

《春秋传》称"吴城邗沟，通江淮"，盖吴王夫差北伐齐时所开，出师由此河以通江北也。

吴国花费大量的人力财力修筑的运河，给自己带来的最大好处是水军自太湖西上，成功偷袭楚国，此役也成为先秦战争史上以少胜多的典型。这看似是军事之需，但若从历史的维度看，它却是江南运河的雏形，并且将江南运河的历史提前了好多年，成为世界运河史册上的璀璨一章，因为要比苏伊士运河（1869年通航）早，比巴拿马运河（1914年通航）早。

　　事实上，中国的大运河，是一个不断变化的历史概念。

　　7世纪初，隋炀帝一声令下，在春秋至秦汉年间开挖的水道的基础上贯通了江南运河，苏州段作为重要区段之一，正式被纳入隋唐大运河的水系。到了元代，为了保证元大都北京的经济政治地位，淮阳运河、江南运河和浙东运河相互连接，京杭大运河才算横空出世。所以说，京杭大运河是对隋唐大运河的一次改造，两者既有重叠，又有不同，属于两个不同的历史概念。或者说，是在以洛阳为中心的隋唐大运河的基础之上，修筑成了以元大都为中心、南下直抵杭州的纵向运河。这也是京杭大运河的雏形，后经明清两朝的不断修整拓凿，才逐渐形成现在贯通了海河、黄河、淮河、长江、钱塘江五大水系的世界上最长的大运河。

　　这裁弯弃弓、取直缩程的变迁，一直绕不开苏州。

2

望亭。

这是一个听起来令人怦然心动的名字。

去望亭之前，我一直在想，名字的来历是站在亭子里望着远方呢，还是远远望见一间亭子呢。后来，当地朋友告诉我，此地最初的名字叫御亭——东汉末年，将军孙坚在乌角溪和鹤溪的交汇处建御亭，形成集镇。唐代改称望亭，之后镇以亭名。

这里是大运河进入苏州的第一站。

也是与无锡接壤的地方。

大运河，从望亭的五七桥开始，穿过苏州市区，南至苏浙交界的油车墩，长约96公里。简单而言，大运河苏州段大致分为三段。从五七桥至白洋湾，算是苏锡段，河线顺直，偏东西走向，水流自西向东；白洋湾至宝带桥为古城段，这一段河线弯曲，自城西北流入苏州护城河及城内河道，后自城东南流出；宝带桥至油车墩段，河线上端顺直，下端弯曲，南北走向，直奔杭州。

望亭入，油车墩出，大运河就这样完成了在苏州的流动。

考察中国大运河的历史，它不仅是世界上最长、最古老的人工水道，也是工业革命前规模最大、范围最广的水利工程项目，真实反映了东方文明在水利技术和管理能力方面的杰出成就。然而，这都是物质和技术层面的体现，它更伟大的意义则在于通过纵贯南北、连通大江大河，打破了自然河流对黄河文化、长江文化、海洋文化、草原高原文化的界隔，实现了不同文化的交流、沟通和融合。同时，在服务政权和维护国家统一的前提下，它带动了沿线城市的快速发展——扬州、宁波、绍兴、嘉兴、苏州、无锡、常州、镇江，这一个个我曾经无数次到达过的城市，都和大运河息息相关。粮食、丝绸、食盐、瓷器、紫砂、木材、砖瓦、药材、茶叶、书籍，顺着大运河，抵达，或者离开，滋养着运河边的城市。

苏州，更不例外。

但与其他城市相比，苏州又与众不同。

第一，苏州是一座将运河与内在水道联系得最为得体的城市。

大运河在苏州，通过作为运河主航道的山塘河、上塘河、胥江、护城河以及盘门、阊门等水门，与城内的万千水系紧密相连，融为一体，正是这一点让苏州成为中国大运河沿线城市中唯一以古城概念申遗的城市，14.2平方公里的古城被整体列为世界遗产典范城市。9座入选世界遗产名录的古典园林以及与大运河有着深厚渊源的昆曲、古琴等7个人类非物质文化遗产代表作名录项目，都是大运河文明的重要组成部分。苏州与大运河的关系是如此紧密。在很多地方，大运河就是一条人工河，或穿城而过，或于城之一侧静静流过，但在苏州，枕河人家处处皆是，大运河就像是家门口的河，和黎民百姓的生活水乳交融，不可分割。

第二，从古至今，大运河苏州段最为忙碌。

自宋以降，运河的漕运功能愈发突出。而苏州一直承担着漕运、海内外商品运输的重任，不仅是漕粮的重要源头，也为国家稳定做出了重要贡献。苏州也因河而盛，明清时期，工商业空前繁荣。据《吴县志》记载："金阊一带，比户贸易，负郭则牙侩辏集。"近代以来，运河仍是苏州水运交通的主要通道，即便是现在，许多新兴的工业区也就在运河两岸，苏州从来没有离开运河的滋养。

2020年，我从大运河管理处获悉，苏州段全线为四级航道，是全国第一条标准化航道，仅跨河桥梁就有35座，两岸码头145个，泊位377个，沿线还有相城、浒墅关、平望等7个内河港口作业区，年吞吐量超过100万吨的码头就有9个。仅仅过去了两年时间，就在我写这篇文章之际，订阅的"大运河"微信公众号推送了一条消息：《大运河苏州段成功"晋级"，全程可通行千吨级船舶》。也就是说，2022年11月25日，运河苏州市区段三级航道整治工程顺利通过竣工验收，这标志着大运河苏州段至此全部提格为三级航道。

从四级航道到三级航道，绝非一个数字的变化那么简单！

3

2014年6月22日，在卡塔尔多哈举办的第38届世界遗产大会上，中国大运河通过评审，列入世界遗产名录。其实，这是一份大名单，包括了8个省35个地市的65个遗产点和31段河道。仅苏州而言，就有包括山塘河、上塘河、胥江和环古城河等运河故道、现京杭大运河苏州至吴江段河道以及山塘历史文化街区（含虎丘云岩寺塔）、平江历史文化街区（含全晋会馆）、盘门、宝带桥、吴江运河古纤道等7个点段。

听闻这则消息时，我尚在杭州谋生，但除了吴江运河古纤道之外，其余几处都有幸踏访过。所以，从杭州急匆匆赶来寻访。途中，我想到了一个词：雁过无痕。河水终会流走，但它经过的地方会有历史，有记忆，也有见证者。我甚至想起了宋代大书法家米芾的一段逸事。有一年，他沿运河经吴江，碰上了狂风大作的坏天气，眼看着纤夫们艰难前行，悲悯之心油然而生：

> 昨风起西北，万艘皆乘便。
>
> 今风转而东，我舟十五纤。
>
> 力乏更雇夫，百金尚嫌贱。
>
> 船工怒斗语，夫坐视而怨。
>
> ……

这首诗后来被收入《钦定石渠宝笈三编》里的《自书吴江舟中诗》卷，尽管墨宝最终流落异域，被收藏于美国梅多鲍利坦美术馆，但诗句却真实地再现了当时古纤道的场景。古代漕运，依靠的是水流、风力以及人力，为了拉纤而铺设于河中的道路见证的是百姓的苦难史。我的作家朋友施晓平，之前从事过记者职业，曾经采访过一位当年的纤夫：朱根林，吴江平望镇梅堰三官桥村人。我曾几次托他带我去见见这位老人，可惜老人年事已高，卧病在床。但从施晓平的转述中知道，朱根林做纤夫是20世纪六七十年代的事，当时他还是20来岁的毛头小伙，经常为生产队运送肥料、草料，有时候还要送蚕豆到松陵、苏州城区。那时候条件差，运输工具是载重量2吨至4吨的手摇木船，逆风行驶，就要靠拉纤才能前进。队里给每条船配4名社员：两个人摇橹，两个人拉纤。他们从村里到松陵要走30公里水路，差不多要8个小时才能到达；到苏州胥门要走40多公里的水路，费时更长，常常是清晨出发，天黑才靠岸。

　　——想象得出，这是多么艰辛的一段日子啊！

　　吴江古纤道的历史，要追溯到唐代元和五年（810），苏州刺史王仲舒始筑土堤以通驿道。至宋代庆历八年（1048）大修，宋治平三年（1066）始垒石岸，直到元至正六年至七年（1346—1347）以巨石修筑，并开水窦136处，以泄水势。

　　这一年，年号至正，吴江古纤道也叫至正石塘。

　　3000余公里的中国大运河，保存完整的纤道，除了吴江这一段,绍兴的浙东运河也有一段。其实,大运河流过的地方,纤道应该不少,只是时过境迁,留存下来的太少了。尤其像吴江古纤道这样保持了原有风貌、长度达3里有余的,更是弥足珍贵。

古纤道的不远处,是日新月异的吴江城。

旧与新、古与今,在这里交汇,见证着时光,也见证着苏州。

4

大运河流过苏州。

水声不息的两岸,是巧夺天工的古典园林,是吴侬软语的评弹,是悠扬动听的吴歌,是一道道不时不食的美食,更是一座城市的久远历史与文化记忆。而我,可能是北人之故吧,总喜欢去踏访运河边的那些古桥,一座又一座桥,一次又一次地,从未厌倦。唐代诗人白居易的"绿浪东西南北水,红栏三百九十桥",盛赞的就是苏州的桥。如此说来,苏州的桥不仅是亘古不变的景观,也能时时打动每一个旅居苏州的异乡人。于我而言,尽管深知大运河是世界性的中华文化标识,但我更愿意放下它的宏大意义,深入到内部去体味其细致微小的美——小桥流水人家固然是苏州的典型意象，但大运河上的苏州古桥也别有意趣。

况且，如果把这些运河之桥串在一起，何尝不是半部苏州史呢？

枫桥。一首脍炙人口的《枫桥夜泊》，不仅让人们记住了张继这个曾经名不见经传的诗人，更让这座月牙形的古桥声名远扬。然而，你有所不知的是，当你迷醉于这渔火钟声的夜晚时，却忽略了一个重要的知识：枫桥最初的名字叫封桥。因旧时这一带每到晚上就会封锁河道，禁止除运粮船之外的船只驶入，以确保粮运安全——从这个意义上讲，枫桥虽小，但跟老百姓的生活密不可分，怪不得苏州民谚里有"枫桥塘上听米价""探听枫桥价，买物不上当"的说法。

吴门桥。1793年，英国外交使团马戛尔尼一行沿大运河途经苏州，对吴门桥印象尤为深刻，还专门为此桥作了一幅画。读到这段逸事，我四处搜罗资料也没能见到这幅画。但能想象得出，他们站在古朴典雅的吴门桥上，吹着江南的风，看着水流潆洄的运河和岸边旖旎的风光，内心何等激动。时光远去，如今这座桥是整个江苏省现存最高的单孔石拱桥。

还有万年桥。

还有觅渡桥。

还有垂虹桥。

……

一座座古桥，如同一双双历史的眼睛，静静地注视着大运河日复一日地流过苏州，将一座城的繁华盛景和人事沧桑一一记录在案。

5

"保护大运河是运河沿线所有地区的共同责任。"

"大运河是祖先留给我们的宝贵遗产，是流动的文化，要统筹保护好、传承好、利用好。"

党的十八大以来，大运河所拥有的重要文化地位得到了高度重视。苏州，作为中国地级市里的标杆城市，从来没有躺在旧日的光荣榜上，在大运河的保护、传承上更是走在前列。成立大运河遗产监测中心，完善联席工作机制，施行《苏州市大运河文化保护传承利用条例》，设立大运河（苏州段）遗产展示馆，有条不紊推进各项工作，倾心致力于打造大运河保护的"苏州样板"。2021年年初启动的"运河十景"建设，就是一座城关于一条大河的苏州实践。

让我们记住这十个新景点：吴门望亭、浒墅关、枫桥夜泊、平江古巷、虎丘塔、水陆盘门、横塘驿站、宝带桥、石湖五堤、平望·四河汇集。

其实，这十个点，都是"旧"的，是苏州历史文化图谱里不可忽视的重要组成部分。比如说，虎丘云岩寺塔是苏州的"地标性建筑"；水陆盘门连通了大运河与古城水系，连通内外城；平江古巷中，全晋会馆又见证了古代大运河南北经济文化交流……但它们又是"新"的，当你打开地图细细探究就会发现，此十景以串点成链、引链成片的方式将苏州的大运河巧妙地串起来了，有着首尾呼应的默契与完美。我想，将自己的大运河打造成一条古老与现代交相辉映的滨水风情人文带和旅游休闲观光带，正是苏州的初心。

毫无疑问，这也是大运河文化带建设中"最精彩的一段"。

6

"运河十景"里,大部分是闻名遐迩的苏州名胜古迹。

虎丘塔,不知被多少文人墨客提笔吟诵;石湖,南宋诗人范成大隐居于此安度晚年,留下了脍炙人口的六十首田园诗歌;还有横塘,贺铸的一句"一川烟草,满城风絮,梅子黄时雨"写尽江南的初夏之美。相比之下,唯独平望略微寂寂无闻一些,像是深藏于运河边上人未识的一位绝色女子。

而我在古籍里遇到了她。

公元1156年,刚过而立之年的范成大前往临安,他顺着大运河出发,过垂虹桥,一路南下时写下了《过平望》:

寸碧闯高浪,孤墟明夕阳。水柳摇病绿,霜蒲蘸新黄。
孤屿乍举网,苍烟忽鸣榔。波明荇叶颤,风熟蘋花香。
鸡犬各村落,蒓鲈近江乡。野寺对客起,楼阴濯沧浪。
古来离别地,清诗断人肠。亭前旧时水,还照两鸳鸯。

村落、野寺、浮萍、孤屿、苍烟,这些古老又暗含凄离之美的意象彻底打动了我。打开百度地图，一搜，离我借居的寓所不远。于是，在一个秋阳灿烂的上午有了即兴之游。驱车，上友新高架，再拐入江城大道，四五十分钟就到了。这是一次没有任何目的的游逛，遗憾的是并没有看到诗人笔下的风景，迎接我的是一座现代气息浓厚的小镇，就连我出发前牢记于心的那句"天光水色，一望皆平"，也没有真切体会到。

但我后来还是触摸到了它隐秘而遥远的历史。

最早的平望，是古老太湖旁的一片菱苇泽滩，在时光的漫漫长河里像一个不听话的孩子，挣脱太湖的怀抱，不再与太湖水息息相连。大约西晋太康年间（280—289），吴兴郡太守殷康开凿了吴兴塘（又名荻塘河）。唐贞元八年（792），湖州刺史于頔疏浚并整修荻塘，重新灌田，让这块水患频发之地既利耕作又可养鱼，变成了江南鱼米之乡。乡民感怀其德，把"荻"字改为"頔"字，遂称"頔塘"。

大运河流过平望，在这里一分为三，让古老的运河、新运河、太浦河、頔塘河交错汇聚，形成四河汇集、四水共流的磅礴奇观。从此，镇因河兴，平望成为运河边上的一座繁华小镇，驿站、码头、粮仓纷纷而起。而如今的平望，有一个"京杭大集"远近闻名,在苏浙沪一带口碑甚好,我有几位上海和浙江的朋友都曾来电问及,说想过来看看。其实,它是平望·四河汇集的重要组成部分,是以"大运河畔的平行旅程"为核心理念,精心打造的一个动态型、策展式的运河文旅融合的目的地。这里有粮仓展空间、粮仓集市、远泰影业,也有味道的博物馆、群乐茶馆、初见书房,还有水陆市集,一座古老的运河小镇因它们的存在而吸引来一批批年轻人回到古镇,创业、生活。这何尝不是一幅缩小了的当代姑苏繁华图呢?

2021年6月启幕以来,"京杭大集"运营得风生水起,因为极具鲜活的国际感和浓厚的烟火气而被人们口口相传。

一年半之后,为纪念《世界遗产公约》颁布50周年,联合国教科文组织在世界范围内向各缔约国征集官方主题活动,经中国联合国教科文组织全国委员会推荐,亚太遗产中心(WHITRAP)主办的"教育赋能未来:世界遗产创意&创新者大会"成为重点推荐项目。2022年12月13日,评选出全球世界遗产教育创新案例奖若干,"京杭大集"脱颖而出,荣获"探索之星"奖。

它的获奖理由如下:

致力于深层价值与模式探索, 因地制宜实现遗产地与遗产教育模式的协同创新, 具有一定的全球创新示范意义。

这, 难道不是大运河对一座小镇的馈赠么?

7

当然, 我更偏爱大运河流经的吴中。

因为它接纳了我。

在暂居的寓所, 临窗望去, 就能看到大运河上舟楫往来的繁忙景象。如果步行, 经过文曲路, 绕过东吴塔, 10分钟的时间就能到达运河岸边。工作和生活的地方离运河太近了, 以至于它成为我日常生活的一部分。空闲下来, 会在暮色里去五龙桥公园坐一坐, 看看运河水; 偶尔, 晨跑的路线也是沿着运河边的步道, 从东吴塔跑到宝带桥, 一个来回差不多花去40分钟时间。我也沿着运河寻访过"尹山天际碧空流"的尹山湖, 叩问过孔子得意门生澹台灭明的遗踪，踏访过古意盈盈的蠡墅古镇。

最熟悉的莫过于宝带桥了。

这座始建于唐代元和年间的桥，横跨澹台湖及大运河交汇处，是大运河沿线现存最长的多孔古石桥，也是中国十大名桥之一。不过，我已经不去在意这些历史知识了，也不去深究它在古代漕运中的重要作用。在我看来，它就是度量自己的一把标尺。比如，从楼下的步道跑到这里，是5.6公里；比如，我和一帮文朋诗友喝完酒会散步到这里，去桥上走一走；再比如，我常常带着家乡的朋友们在吴文化博物馆看完精美的文物之后，步行来到桥上，看看那座孤独的石狮。

2022年12月12日晚，得知陪伴三年的行程码宣告下线，我再次来到宝带桥，想在最后一刻截取一张图片，以示纪念——这几年，我总是喜欢在宝带桥畔完成一些需要仪式感的事儿。谁承想，这次竟意外发现了它的变化：航标灯塔更换了。现在取而代之的是两座石塔，塔顶的葫芦形航标灯每隔四五秒就会闪烁一次。熠熠生辉的两座灯塔与运河涛声相得益彰，不仅指引和守护着过往船只，还与古色古香的宝带桥相得益彰，让千年古桥成为一道亮丽的景观。后来，我才知道，新的航标灯塔就是参照宝带桥北塊原有的宋代石塔形制所造。取法古人，也难怪造型如此古朴自然。

我一次次经过宝带桥，见证着它的点滴变化，宝带桥也目睹着我的悲欢，我们互相成为彼此的一部分。

若干年后，如果我回到家乡，想起这段生活经历，也一定会想起运河，是它让一个西北男人遥远的记忆里出现了水，出现了与河为邻的美好。

8

说说我的朋友施晓平吧。

他出生在运河边的一个小镇：郭巷。这是苏州葑门外的一个小镇。现在的郭巷已然是连结吴中和苏州工业园区的枢纽地带，但旧时郭巷还算典型的江南水乡。运河水通过斜港河、东港河和西栅口港流入郭巷街河，再向东注入尹山湖。在施晓平的记忆里，最难忘的是郭巷街河，水特别清澈，鱼虾也很多。每年到了汛期，河道水流湍急，泰安桥桥洞里，就算船夫使出九牛二虎之力，自东向西的手摇船也往往"无动于衷"，过不了桥洞。

何 以 是 江 南

后来，他在报社上班，恰逢苏州启动了环古城风貌保护工程。这是一项集城市交通、防洪、生态绿化、景观、旅游等功能为一体的综合性工程，长约17公里，基本沿着护城河以及灭渡桥（老桥写"灭渡桥"，新桥写"觅渡桥"）至北干河之间的大运河故道展开。当时他深度参与，积极采写，尤值一提的是他以"让后人见证古城沧桑巨变　重修城墙能否埋入私人纪念品"为题，及时报道了苏州本土市民提出的创意，引起较大反响，连市领导也在见报当日做出重要批示："可批准有关方面研究。"

在他的记者生涯里，他曾经采访过来苏州检查大运河申遗准备工作的时任文化部副部长、国家文物局局长励小捷；也曾经采访过国际古迹遗址理事会资深顾问、世界内河遗址首席专家米歇尔·科特；就在大运河申遗成功前夕，他又以主力记者的身份参与了2014年报社组织的"'一条河·一座城'行走苏州运河遗产"系列报道。这么多年来，他一直记录着苏州大运河的历史变迁以及一座城市对大运河遗产悉心保护的点点滴滴。与此同时，他还积极奔走，联系政协委员调研运河沿线蠡墅、郭巷等集镇的历史遗存保护。

有一次，跟他闲聊，他坦言，只要一提到大运河，自己立马就有了精气神。

——每一个苏州人，不管是土生土长的，还是新苏州人，都对大运河有着念兹在兹的深情，并以自己的方式热爱着这条母亲河。

大运河流过苏州。

从五七桥到油车墩，从稻香小镇望亭到"苏南酒乡"桃源镇，从相城到吴江，纵跨苏州的5个区14个街道9个乡镇以及望虞河、吴淞江、太浦河等河道，长江和太湖、阳澄湖、独墅湖等湖泊因它而得以完美勾连，一座城的水从而流动成波光潋滟的瑰丽诗篇。

流走的是运河水，是时光，而留下来的是镌刻于苏州大地的历史记忆以及一座欣欣向荣、生机勃勃的美丽城市！

2022年10月3日初稿
2022年12月19日定稿

第二卷

人类非遗

昆曲的流水

1

还是从南戏说起吧——

大约在南宋光宗时期（1190—1194），浙江永嘉的一种地方小戏迅速崛起，它以南方民间音乐为主要演唱曲调，故曰南戏。因为源自民间音乐，南戏具备自由活泼、天然奔放的特点。后来，南戏逐渐吸收了唐宋以来多种成熟的传统音乐形式，渐趋丰富和细致，但终究因缺少知识分子的参与，一时无法摆脱先天不足的缺陷，以致长期徘徊在一个较低层次。尽管如此，南戏在元末明初还是给平头百姓的世俗生活带来了不少快乐。彼时，起源于浙江的海盐腔、余姚腔以及起源于江西的弋阳腔和江苏的昆山腔，被称为"南戏四大声腔"。

南戏是与传奇杂剧相并列的一个剧种。

当更多的人满足于南戏所带来的快乐之时，江苏昆山的顾坚，如同一个孤勇者，为将昆山腔设计成浓郁的乡音俗调、高雅的古赋南辞而不懈努力。很快，昆山腔一枝独秀，从只限于苏州一带开始向以苏州为中心的长江以南和钱塘江以北流播，甚至在万历末年传入北京。就这样，昆山腔以吴侬软语的韵味和极为鲜明的江南特色，成为明代中叶至清代中叶影响最大的声腔剧种。

明代吴派文人文徵明手录的魏良辅《南词引正》里，有一段记录就佐证了这一点：

> 元朝有顾坚者，虽离昆山三十里，居千墩，精于南辞，善作古赋。扩廓帖木儿闻其善歌，屡招不屈……善发南曲之奥，故国初有"昆山腔"之称。

大意是说，南戏传到昆山后，与当地的民间曲调互相融合，形成富有地域特色的昆山腔。随后，又在顾坚的推动下取得长足发展。当时的唱腔活动，多为文人雅士聚首之事，或对酒当歌，或风流表白，场面自由有余，但伴奏失于简陋。昆山雅士顾阿瑛的玉山草堂，吸引了苏杭一带的唱腔好手，顾坚、杨铁笛、倪瓒等名流皆为常客，为昆山腔的确立起到了添砖加瓦之功。

根据周玄暐的《泾林续记》，明太祖朱元璋也注意到昆山腔，可见其规模已经不小。

然而，昆山腔一直在等待一个人的出现。

2

这个人，就是彪炳于昆曲史册的魏良辅。

此人可以备忘如下：

> 魏良辅，字尚泉，江西南昌人，流寓于江苏太仓南码
> 头。为嘉靖年间杰出的戏曲音乐家、戏曲革新家，昆曲
> （南曲）始祖。对昆山腔的艺术发展有突出贡献，被后人
> 奉为"昆曲之祖"，在曲艺界更有"曲圣"之称。

和中国历史上许多杰出的民间艺术家一样，魏良辅的生平记载十分简略，有所遗轶。综合时人记录可知，他大约生活在明代嘉靖、隆庆年间，原籍江西豫章（今江西南昌），长期寄居太仓，以演唱民间曲调为业，这样的身份也让他能广泛接触到北

方和南方的诸多曲调。通过比较研究，魏良辅对昆山腔曲调平直简单、缺少起伏变化的缺点引以为憾，并开始和一批志同道合者通力合作，对昆山腔进行全面改革。

从这个意义上讲，他是一位真正的改革家。

魏良辅善唱，但对乐器并不精通。为了实现自己的抱负，他虚心请教河北人张野塘。张野塘是一位才华横溢的民间音乐家，两人联手，将北方曲调吸收到昆山腔中，并对北方曲调的伴奏乐器三弦进行改造，使其与箫、笛、拍板、琵琶、锣鼓等乐器共同伴奏，让昆山腔更加委婉细腻。就这样，魏良辅在张野塘的帮助下打通了南北两曲融合的任督二脉，融其精华于"平直无意趣"的昆山腔当中，并精细设计了运腔、吐字、伴奏，乡间野调的昆山腔终于迎来了一次宛如新生的革新。

这样的昆山腔，才叫昆曲。

除此之外，它还有一个诗意的名字：水磨调。

水磨，本是中国南方制作红木家具的最后一道加工工序，用沾水的锉使家具表面更加光滑。给昆曲如此命名，比喻的就是它经过无数次的打磨之后所呈现的细腻与精致。新式曲调一经问世，不仅给魏良辅带来了莫大声誉，也以不可抗拒的魅力征服了更多听众。一大批民间音乐家纷纷向他学习昆曲的演唱技法，使得昆曲在周围地区越传越广。

1543年，魏良辅写成《曲律》（亦称《南词引正》），昆曲的正声地位得以正式确立。

3

浣纱，多么温婉的一个词。

想象中，一位女子在流水清澈的河埠头洗着衣服，女子清秀美丽，貌美如花——这女子就是西施。西溪浣纱的传说，至今还在古越之地广为流传，在以浪莎袜业著称的小城诸暨，就有一条浣纱河——这条古老的河自然跟西施的传说有关，每一波涟漪里都荡漾着一代美人的传奇。昆曲的历史上有一部《浣纱记》，讲的就是西施的故事。

作者梁辰鱼。

梁辰鱼不屑科举，好任侠，喜交四方奇士。嘉靖年间，就与以李攀龙、王世贞为首的"后七子"往来频繁，在曲坛负有盛名，就连声名显赫的戏剧家张凤翼也是他的好友。焦循的《剧说》谈到梁辰鱼时，援引徐又陵《蜗亭杂订》的描述："艳歌清引，传播戚里间；白金、文绮、异香、名马、奇技淫巧之赠，络绎于道；歌儿、舞女，不见伯龙，自以为不祥也。"据传，梁辰鱼得魏良辅真传，在昆曲演唱上颇有造诣，在当地极受尊重，歌童歌女争相上门延请，甚至有人不远千里前来拜师学艺。

彼时，正是昆曲初步形成之时，大量的民间艺术家热情高涨，积极参与，创作了大量剧本。梁辰鱼也不例外，《浣纱记》就是其中之一。此剧的情节并不复杂，无非是吴越之间的复仇与争霸，但它的艺术价值在于创设了昆剧初创时期的角色分行法，在遵循南戏的七行之外还借鉴了元杂剧的小末、小旦等设置法，增设了小生、小旦、小末、小外、小净五行，共十二行。当然，《浣纱记》的意义不止于此，它最伟大的是用昆曲形式演出剧作——梁辰鱼将它搬上舞台，让昆曲成为舞台艺术。

魏良辅的悉心研究，遇上梁辰鱼的艺术实践，如同夜晚遇到了星光，火苗遇到了干柴，一下子碰撞出更美好的东西。昆曲，也成为昆剧，影响力迅速扩大，很快传遍江苏、浙江等地，成为江南一带主要的戏剧形式。

后来，我在一则史料里读到，《浣纱记》诞生的同时还出现了两部影响也算不错的作品，一部是李开先的《宝剑记》，另一部是无名氏的《鸣凤记》。尽管他们创作的初衷不是为了演出，但这两部作品后来也成为昆曲重要的剧目。

4

《牡丹亭》，是昆剧无法绕过的关键词。

谈到它，自然绕不过汤显祖。这位出生于明代万历年间，比英国大戏剧家莎士比亚还要大14岁的戏剧家，出生之时恰是明代由盛而衰的转折时期。他在经历了官场的跌宕起落之后回到江西老家，利用三四个月的时间写出了《牡丹亭》。

最初的名字，叫《还魂记》。

故事取材于宋代话本《杜丽娘慕色还魂》。严格讲，内容本身相对单薄，但经汤显祖的妙手回春，故事得以升华。据野史记载，汤显祖写剧本时完全沉浸在故事当中，被杜丽娘的切身遭际彻底打动，甚至到了"白日消磨肠断句"的程度。《牡丹亭》一经演出，立刻引起轰动。《牡丹亭》营造的梦境，神秘绮丽，令人如醉如痴，而且，它突破了中国传统伦理道德中情与理的枷锁，极力追求的"生者可以死，死者可以生"的理想爱情观，吻合了当时的世态人心。

但，也有不同的声音。

尽管艺术领域里见地不同是再正常不过的事，但和汤显祖一样有着重要地位的另一位昆剧作家沈璟，对《牡丹亭》不仅颇有微词，还认为不合曲律。于是，一场无休止的争辩开始了。从某种意义上讲，汤显祖和《牡丹亭》的诞生，和颇具实力的吴江剧作家群体的形成，恰好标志着昆剧创作进入全盛时期。大量剧作的产生，带来了昆剧演出的兴盛。万历年间，昆剧演出最集中的江苏、浙江、安徽一带，出现了不少民间职业戏班。当时，以苏州的瑞霞班、吴徽州班，南京的郝可成班、陈养行班，常熟的虞山班，上海的曹成班最为有名。

倘若从历史的维度看，18世纪之前的400年，是昆剧走向成熟的一个重要时期。一个不争的事实是，《浣纱记》的流行带动了人们对富丽华美的演出氛围的渴望与期待，加上明代剧作家雨后春笋般的出现以及职业戏班的兴起，昆剧迎来了"四方歌者皆宗吴门"的空前鼎盛。

5

与民间戏班相比，文人和绅士阶层的"家班"，数量更加庞大，演出更加频繁，在昆曲史上的地位不容小觑。

苏州历史上就有"上三班"的说法。

所谓"上三班"，即擅演《鲛绡记》的申时行家班、擅演《祝发记》的范长白（范允临）家班和徐仲元家班。家班的主人非富即贵，皆有殷实的家境支撑家班存活。读过张岱《陶庵梦忆》的人都知道里面有一篇《范长白》：

> 范长白园在天平山下，万石都焉。龙性难驯，石皆笏起。傍为范文正公墓。园外有长堤，桃柳曲桥，蟠屈湖面。桥尽抵园，园门故作低小，进门则长廊复壁，直达山麓。其缯楼、幔阁、秘室、曲房，故故匿之，不使人见也。山之左为桃源，峭壁回湍，桃花片片流出。右孤山，种梅千树。渡涧为小兰亭，茂林修竹，曲水流觞，件件有之。竹大如椽，明静娟洁，打磨滑泽如扇骨，是则兰亭所无也。地必古迹，名必古人，此是主人学问。但桃则溪

之，梅则屿之，竹则林之，尽可自名其家，不必寄人篱下也。余至，主人出见。主人与大父同籍，以奇丑著。是日释褐，大父嘲之曰："丑不冠带，范年兄亦冠带了也。"人传以笑。余亟欲一见。及出，状貌果奇，似羊肚石雕一小猱，其鼻垩颧颐犹残缺失次也。冠履精洁，若谐谑谈笑，面目中不应有此。开山堂小饮，绮疏藻幕，备极华缛，秘阁清讴，丝竹摇飏，忽出层垣，知为女乐。饮罢，又移席小兰亭，比晚辞去。主人曰："宽坐，请看'少焉'。"余不解，主人曰："吾乡有缙绅先生，喜调文袋，以《赤壁赋》有'少焉月出于东山之上'句，遂字月为'少焉'。顷言'少焉'者，月也。"固留看月，晚景果妙。主人曰："四方客来，都不及见小园雪，山石豁砑，银涛蹴起，掀翻五泄，捣碎龙湫，世上伟观，惜不令宗子见也。"步月而出，至元墓，宿葆生叔书画舫中。

范允临是范仲淹的十七世孙，曾官至福建布政司参议，辞职归里之后，在祖墓之地——天平山筑园，过着陶然自得的隐居生活。张岱的文章，记叙的就是应范允临之邀在其家看戏的一段经历。虽然有关看戏的文字不过片言只语，但我仍然不厌其烦地援引全文，只是想借助完整的文稿来再现当时家班最真实的生活场景。

写过《闲情偶寄》的李渔，也有自己的家班。

这位和《长物志》的作者文震亨同被尊为中国古代生活美学高手的人物，在中国古代戏剧理论史上也占有一席之地。尽管他过于保守的思想使其难以脱离封建伦理道德的窠臼，但他创作的《风筝误》也是戏剧史上的代表作之一。这部幽默的风俗喜剧，讲述的是一个名叫韩世勋的书生的奇遇记，思想内容上落入平庸，但技巧纯熟，舞台演出效果十分理想。与他的戏剧创作相比，其家班的故事更加催人泪下。年过花甲的李渔，家中有十三岁的乔姬和不到十三岁的王姬，这是两名对昆剧有着异常秉赋的女子，一人饰旦，一人饰生。她们只演李渔创作的剧本，名动金陵。迫于生计，她们也从事商演活动，频繁的演出活动、长年累月的劳累，让她们相继病逝，李渔的家班也不得不解散。如此沉重的打击让李渔含泪写下《乔复生王再来二姬合传》，以传其事。

无论故事如何千转百回，不得不承认的是，家班是昆剧兴盛的一个真实缩影。

6

热闹喧哗的舞台，固然推动了昆剧的繁荣，但毕竟跟清唱的曲会不一样。昆剧的重心是演，唱曲之外还有动作、念白、角色；而曲会的重心是唱曲，可能因为更接近昆曲的灵魂与本质，总有人为之如痴如醉。

还是张岱，记下了虎丘曲会的盛况：

虎丘八月半，土著流寓、士夫眷属、女乐声伎、曲中名妓戏婆、民间少妇好女、崽子娈童及游冶恶少、清客帮闲、傒僮走空之辈，无不鳞集。自生公台、千人石、鹤涧、剑池、申文定祠，下至试剑石、一二山门，皆铺毡席地坐，登高望之，如雁落平沙，霞铺江上。天暝月上，鼓吹百十处，大吹大擂，十番铙钹，渔阳掺挝，动地翻天，雷轰鼎沸，呼叫不闻。更定，鼓铙渐歇，丝管繁兴，杂以歌唱，皆"锦帆开，澄湖万顷"同场大曲，蹲踏和锣丝竹肉声，不辨拍煞。更深，人渐散去，士夫眷属皆下船水嬉，席席征歌，人人献技，南北杂之，管弦迭奏，听者方辨句字，藻鉴随之。二鼓人静，悉屏管弦，洞箫一缕，哀涩清绵，与肉相引，尚存三四，迭更为之。三鼓，月孤气肃，人皆寂阒，不杂蚊虻。一夫登场，高坐石上，不箫不拍，声出如丝，裂石穿云，串度抑扬，一字一刻。听者寻入针芥，心血为枯，不敢击节，惟有点头。然此时雁比而坐者，犹存百十人焉。使非苏州，焉讨识者！

寥寥几百字，就把当年的曲会描写得淋漓尽致。

曾在苏州做过小吏的袁宏道，对虎丘曲会也是念念不忘：

　　每至是日，倾城阖户，连臂而至，衣冠士女，下迨蔀屋，莫不靓妆丽服，重茵累席，置酒交衢间。从千人石上至山门，栉比如鳞，檀板丘积，樽罍云泻，远而望之，如雁落平沙，霞铺江上，雷辊电霍，无得而状。布席之初，唱者千百，声若聚蚊，不可辨识。分曹部署，竞以歌喉相斗，雅俗既陈，妍媸自别。未几而摇头顿足者，得数十人而已。已而明月浮空，石光如练，一切瓦釜，寂然停声，属而和者，才三四辈。一箫，一寸管，一人缓板而歌，竹肉相发，清声亮彻，听者魂销。比至夜深，月影横斜，荇藻凌乱，则箫板亦不复用。一夫登场，四座屏息，音若细发，响彻云际，每度一字，几尽一刻，飞鸟为之徘徊，壮士听而下泪矣。

这是《虎丘记》里的一节文字，性灵的笔墨里铺陈出一个四百多年前风雅的中秋之夜。

穿越时间的长廊，在遥远的明清时代，苏州虎丘的千人石上，月色如洗，一年一度的曲会如期举办，这是苏州人别致的生活方式。虎丘，有塔，有剑池，也有吴王阖闾的故事，但因为这一年一度只属于昆曲的夜晚，也被载入了中国古代戏曲的史册。浩瀚典籍里的零星记录证明，虎丘山是昆曲艺术的最高评判场所，虎丘山上的千人石，就是中国昆曲演出最神圣的大舞台。"虎丘"一词，在中国的昆曲演唱者、爱好者心中，神圣又伟大。

只是，曲友们经常搭船而前往虎丘的山塘河，到了清末民初，渐渐沉寂下来了。

此际，遥远的京城，余音袅袅的昆曲也让位于黄钟大吕的京剧锣鼓。

7

盛极而衰。

这是万物发展的一条铁律，谁也无法摆脱。

源自民间的昆剧曾以优美清雅的风格超越了其他简单粗率的戏剧样式，从而登上时代艺术的巅峰。遗憾的是，到了清代中叶，昆剧经过长时间的繁盛之后日渐失去原有的活力，开始走向衰微。众所周知，昆曲的繁荣是与众多文人雅士的全力投入分不开的，在汤显祖、李玉、洪昇、孔尚任等引领过时代思潮的知识精英消逝在历史的地平线以外后，昆曲便无奈地陷入了前所未有的沉寂。平庸的后继者们难以达到前代大师的艺术水准，只知道按照日益僵化死板的规范进行创作，一部又一部面目雷同、毫无新意的作品让原本以细腻幽雅取胜的昆曲开始显露出远离大众欣赏趣味的一面，过分雕琢的歌词、过分悠长的演唱、过分缓慢的节奏，都让观众越来越难以接受。当然，清政府颁布的包括禁止官员拥有家庭戏班的禁令，也让昆剧失去了赖以存在的社会基础。

如果说这是昆剧走向衰落的内因，那么，清代中叶以后，地方戏曲的逐渐兴起就是极其重要的外因。被称为"花部"的其他剧种，有粗犷的格调，也有丰富多变的形式，它们悉数登场。尽管不少故事改编自昆剧，但以徽班为代表的戏曲团体却用花部乱弹反过来给昆剧重重一击。在这样的冲击之下，昆剧逐渐退出主流舞台，这也宣告了中国戏剧史上一个新时代的到来。

正如昆剧戏文里唱过的"原来姹紫嫣红开遍，似这般都付与断井颓垣"那样，在历史的长河里它终将付于"断井颓垣"，这样的情形又像"终究抵不过似水流年"，有着深沉的悲凉与莫名的伤感。

8

不管昆曲的过往和未来如何，都不可改变一个事实：苏州是昆曲的肇始之地。

在这座以园林著称的城市，亭台楼阁间仍能觅得昆曲的影子。2013年秋天，我去网师园玩，未至园林，竟然在巷口碰到了沈德潜故居。沈德潜的集子我粗略翻过，未曾料到跟他的故居就这样不期而遇。就在欲进门之时，我发现门口挂着一个苏州昆剧传习所的牌子。入门，堂厅里有人练习昆曲，几个女孩子舞着水袖，认真的模样让人不忍打扰。

和昆剧传习所一字之差的昆曲传习所，旧址在桃花坞一带，与苏州昆剧院一路之隔。

1921年8月，为挽救振兴昆曲、培养昆曲艺术接班人，爱好昆曲的乡绅贝晋眉、张紫东、徐镜清等人，在上海纺织工业实业家穆藕初以及吴梅、江鼎丞等人的赞助下，成立了昆曲史上第一所学校——苏州昆剧传习所。传习所延请沈月泉、沈斌泉等名师执教，培养出的这一批演员，艺名中间都嵌了一个"传"字，这些学生就是对继承和发展昆曲做出重要贡献的"传字辈"。我曾请教过苏州大学一位多年研究昆曲的老先生，他告诉我，"传"字辈的名字，最后一个字颇有讲究，用的不外乎含"玉""草""金""水"四种偏旁的字。唱生行的，是斜玉旁，取玉树临风之意；唱旦行的，用草字头，取美人香草之意；净行用金字旁，意谓黄钟大吕的音响之正；其余丑副行当，皆用水旁，以表口若悬河之意。

那个下午，他讲述得平静似水，而我听得内心波澜壮阔。

这些"传"字辈老人，在沪苏之间辗转从艺，演出班子的名头，换了又换，可谓奏响了挽救振兴昆剧的最强音。不得不承认，传字辈是昆剧现当代史上最为传奇也最为悲壮的一拨儿人了。在一个"传"字背后，隐藏着巨大的苦难、隐忍。就是现在，大家耳熟能详的好多昆曲演员都曾接受过传习所的培养。如今，"继""承""弘""扬""振"字辈的演员，撑起了当下昆剧的大旗。

作为昆曲的物化文物保护地，这个宅子在苏州城北见证着沧桑巨变。2015年的深秋，我轻轻推开传习所旧址的大门，亭台楼阁厅堂之间处处传递出苏州园林的精致典雅。徜徉其间，昆曲的影子无处不在。进入门厅，迎面是宽敞的大天井，天井北是前厅，前厅北是后厅，两座厅堂都保持了原有建筑的形制，双坡式屋顶上有哺鸡脊，厅内地面上铺着方砖。后厅北面原本是一块空地，现在改建成一个极具江南私家园林韵味的后花园。花园中心是荷花池，池北有水榭，水榭就是一个舞台。

——坐在池南的抱轩，就能观赏演出。

如此精妙的设计，恰如其分地诠释了园林与昆曲之间那份接近完美的契合度。而最早，这里只是苏州林机厂的一处花房，在后来保护性修复的过程中，昆曲的元素得以不断增加。我甚至注意到，就连每扇木门上都刻着一出戏的场景，秦少游当新郎、崔莺莺会张生、和合二仙、四郎探母……

昆剧传习所有100扇木门，也雕刻了100出戏中场景！

9

回望历史，最尴尬的一个事实是，新中国成立以前，举国上下竟没有一家专业的昆剧院团。

这种情况一直持续到1956年。

1956年4月10日，新编昆剧《十五贯》在北京、上海等地演出，引起很大反响。一个月后，《人民日报》刊发了《从"一出戏救活一个剧种"谈起》的社论文章，标志着昆剧迎来了新生。很快，全国相继成立6家昆剧院团，《牡丹亭》《西厢记》《单刀会》《桃花扇》等优秀剧目也开始被重新整理、编演。昆剧的星火，终于有了燎原之势。

再后来，昆剧踏上了发展的快车道。

只是，今天人们谈及昆曲，总会绕不过一个话题，那就是随着经济的飞速发展和文化的碰撞，它的传承究竟路在何方？有人说，昆曲严格的程式化表演、缓慢的板腔体节奏、过分文雅的唱词、陈旧的故事情节，已经和当下的时代格格不入，离当代人的审美需求越来越远，也逐渐丧失了时尚性和娱乐功能，因而难以得到观众的认同，这也是演出越来越少的原因。也有人主张，昆曲应作为博物馆艺术，只求保存，不图发展——此说自然遭到昆曲工作者和有识之士的反对，也有悖于联合国教科文组织评选人类非物质文化遗产的初衷——保证这些杰出文化的生存，而不是遏制它们的发展。

正是这种两难，才有了青春版、园林版的昆曲，也有了庙会版和剧场版的昆曲，无论版本如何变化，创作者的初衷都是试图和观众距离小一些、再小一些。这样的努力虽有志在引导的拳拳苦心，但不争的现实和难题是，如果昆曲不做出较大的改变，就无法缩小与时代的距离；倘若做出太多的改变，那它还是原来的昆曲么？

世界愈加喧嚣，犹如不散的集市。甚至在前几年，一家令不少青少年沉迷其游戏、也让万千家长诟病（我就在其中）的游戏公司，为其游戏人物开发上线了一款"游园惊梦"皮肤，还邀请中国戏剧梅花奖的得主为之配音。当网络游戏遇到了昆曲，这到底是真情拥抱优秀传统文化呢，还是资本在随意而行呢？

我无法给出答案。

但我一直在想，为什么非要让昆曲接近这个日新月异人工智能的时代呢？

10

2001年5月18日，在遥远的巴黎，联合国教科文组织总干事松浦晃一郎正式宣布，昆曲入选人类非物质文化遗产代表作名录——尤有荣光的是，当年入选的19个项目里有4个项目全票通过，而中国昆曲不仅获得全票，而且位居榜首。

这也是世界级人类非物质文化遗产代表作的首份名单。

昆曲，这门古老中国的艺术，终于以别样的身份登上了世界舞台。如此至高的荣耀，也让苏州的"虎丘曲会"再次回到现实当中，如同熄灭的火苗被重新点燃。2022年秋天，我以一介游客的心态来到虎丘，全程见证了一场当代版的虎丘曲会。不得不承认，现在的"虎丘曲会"不似古代那样是纯粹的艺术交流，而被赋予了更多意义。在这里，有文人雅士、曲词名家，也有专业艺人，当然，更多的则是平民百姓。大家自发在中秋之夜聚集虎丘，或吟咏较艺，或竞技清唱，也有如我一般只是来凑凑热闹的。置身这个多元时代，我，一个与昆曲隔着十万八千里的外行，也能从场景中体悟出他们对传统文化的热爱，以及抢救保护的拳拳之心。

曲会结束，曲友们仍在交流。

我，因事提前离开。

当我挤进人声鼎沸的地铁，笛声、笙箫并发的声音，水磨调舒缓优美的调子，仍在耳际久久回响。我想起有一次在虎丘看过的《虎丘曲月夜》，苏州昆剧院著名的昆曲演员俞玖林领衔主演，200多名苏州市民身着汉服，踏着明代文人袁宏道的《虎丘记》的步伐，有种穿越古今的恍惚之感。

江南的美，总是如梦似幻。

11

命运是一条拐弯的河流。

我本北人，几经辗转，现在委身于苏州的东南一隅，在一家清闲又清贫的单位卑微知足地生活。心安处，一生可居停，尽管一切都已安稳下来，偶尔亦有点点乡愁泛起，渴望听一曲苍茫秦腔，可在苏州，哪里去找秦腔之声呢。这种情形久了，我也开始接近昆曲，久而久之，被动的接触竟然也生出点点欢喜。观前街的沁兰厅、阔家头巷的沈德潜故居、西美巷的况公祠，都留下了我为一支昆曲而不停奔走的足迹。这不是喜新厌旧，亦非见异思迁，而是昆曲以它顿挫疾徐的节奏、缠绵婉转的腔调和柔曼悠远的韵味，彻底击中了我内心的柔软之处。

也许，是本质上更加契合我作为诗人的敏感与多愁。

仅从昆剧的文本讲，其词出自元曲。作为一种歌、舞、介、白各种表演手段相互配合杂糅的综合艺术，昆剧的文学性也是其他剧种无法比拟的。更何况，昆剧里的舞蹈总是那么让人如痴如醉，扬起的水袖就像是一首飘逸之诗。如果说其他剧种是唱舞交替的话，那么昆剧边唱边舞的演出形式让人能联想到一句话：有声即歌，无动不舞。除此之外，笙、箫、管、笛总让人有一种恍若隔世的感觉，恍惚回到那个遥远的明代。而这些，又是家乡的秦腔不能给予我的。

必须承认，我还不能完全懂得这吴侬软语里藏着的悲欢，但我还是喜欢将自己安放于一支昆曲的雅致当中。

此夜，我枕着一支昆曲入眠——我的人生，也大抵如此了。

2015年9月初稿

2022年12月25日二稿

2023年5月16日定稿

古琴的城邦

甘肃天水，传说中伏羲的故乡。

伏羲被尊为制琴始祖，《太古遗音》载，"伏羲见凤集于桐，乃象其形"，遂削桐"制以为琴"。考察历史文献，除了"伏羲制琴"，还有"神农做琴"、"舜作五弦之琴以歌南风"等说法。远古时期氏族部落首领制琴之说，并无考古支持，但至少说明古琴在中国有着悠久历史。

我自天水打马下江南，家乡虽有伏羲制琴的若干传说，但我真正走近古琴、了解古琴，却是在苏州：这是一座古琴之音绵延不息的古城，我一次次听琴，一次次沉醉于曼妙的琴声之中——

1

苏州的古琴史，至少要上溯到2500年前，和苏州古城史仿佛。

孔子有七十二贤弟子，其中言子是他门下唯一的南方学生。也许，有人并不熟悉言子，甚至有些陌生，但倘若读过《论语》，就一定会知道频频出现的子游。子游就是言子。言子，名偃，字子游，春秋末期吴国琴川（今江苏常熟）人。言子生逢吴楚争霸的乱世，父母期望战争早日结束，能过上安稳的生活，于是给他取名偃，意谓偃武修文。言子天资聪颖，勤奋好学，20岁那年，顾不上新婚燕尔的甜蜜和路途遥远，他只身北上鲁国求学，最终投身于孔子门下，成为孔子最得意的弟子之一。学成之后，言子南归，对孔学的南播以及江南文化的繁荣起到了很大的作用。孔子的一句"吾门有偃，吾道其南"的感喟，就是对他的最大褒奖。

史载，言子在吴地"弦歌化俗"，以琴代语，乐教民众。尽管再无更详细的记录，但就这一句语焉不详的"弦歌化俗"，也足以证明他在苏州琴学史上的至高地位。

常熟，苏州的一个县级市，自古与琴深有渊源。旧志记载，常熟城古有七溪穿城而过，酷似琴之七弦，也就有了"琴川"的别称。常熟有不少言子的遗迹。虞山镇有言子巷、言子故宅，虞山东岭有言子墓，学前街还有言子专祠，州塘畔有言子故里亭。有一年，我去常熟拜谒言子墓，站在百余米的墓道上，仿佛沐浴在两千多年来言子德润吴地的光芒之中。他是第一个把孔子思想带到江南的人，而且，现在的常熟琴风浩荡，他也是功不可没。

只是，现在习琴的人很少谈及他。

2

如果说言子在苏州琴史上有开山之功，那么，现藏于吴文化博物馆的那床战国古琴，作为为数不多的先秦时期古琴实物之一，有力地佐证了吴地的琴风浩荡。

大运河畔，宝带桥侧，有一座吴文化博物馆。

这是我常去的地方。此馆一开，我去苏州博物馆的次数明显少了。虽然是一座新馆，但藏品丰富，各类展览也毫不逊色于赫赫有名的苏博。况且，一部苏州史，半部在吴中。扯远了，说说这里的藏品吧。在二楼常设的风雅颂展厅陈列的一床战国古琴，楸枫类整木斫制，形似平底的独木船，面板无存，首部方形，刻凿有长方形弦槽，首部弦槽缺损一块，尾部山字形凸起，一角残断。整个琴身髹黑漆，但剥落严重，仅存首尾。此琴跟现在的古琴形制也有较大的差异。这是因为现在的七弦古琴是汉魏时期才形成的，而先秦以前的古琴面板本身就是和底板分离的，弹奏时需浮搁在一起。

这些年，国内出土过不少与此形制仿佛的古琴，湖北随县（今属随州市）战国初期曾侯乙墓出土了十弦琴，荆门郭店村一号战国中期墓出土了七弦琴，湖南长沙战国晚期墓出土了彩绘九弦琴，长沙马王堆三号墓出土了西汉早期的琴。它们散落各地，又像一个隐秘的集体，佐证着中国古琴的发展脉络。

此琴不仅有明确的断代依据，也有具体的出土地点：长桥国防园。这里离我的寓所不远，散步时常常经过，我总在想，彼时，是什么人在抚这床琴呢？

他，又是抚给谁听的呢？

或许，就是抚给自己的。

3

古代的中国，有"四大名琴"之说，它们是齐桓公的"号钟"，楚庄公的"绕梁"，司马相如的"绿绮"和蔡邕的"焦尾"。

焦尾琴就和苏州有关。

《后汉书·蔡邕列传》载：

> 吴人有烧桐以爨者，邕闻火烈之声，知其良木，因请而裁为琴，果有美音，而其尾犹焦，故时人名曰"焦尾琴"焉。

蔡邕本为中原人，缘何又来吴地呢？

史书里的他，"亡命江海，远迹吴会"，一待就是十二年。彼时的吴地还不是繁华江南，显然他是因政治倾轧而来避祸的，这反倒成就了一段千古琴缘。他于烈火中救出一截梧桐木，据其形状精雕细刻，斫而为琴，因琴尾留有焦痕，故名"焦尾"。据传，此琴音色绝伦，蔡邕遇害之后被藏于皇家内库。再后来，齐明帝在位时曾延请古琴高手王促雄弹奏。王促雄一连弹奏五天，并即兴创作《懊恼曲》。再后来，据传此琴传到南唐中主李璟手中，后又被赠与小周后。李煜死后归宋室所有。

一部焦尾琴史，让我的视野先后出现了"爨下桐""爨下残""爨下余""良才入爨"等词语。再后来，读史料才知道东吴丞相顾雍曾受教于蔡邕，深受蔡邕喜爱。史籍曾记："蔡邕谓之曰，卿必成致，今以吾名与卿。"故顾雍与老师蔡邕同名（"雍"与"邕"同音），这或许是作为弟子所能受到老师给予的最大褒奖和荣耀吧。遗憾的是焦尾琴今已不存，其音更不可知，我们只能在典籍和传说里重温它的千古绝响。

作为一个天资聪颖的音乐家，蔡邕在历史上留下了这样一段古琴逸事：

> 初，邕在陈留也，其邻人有以酒食召邕者，比往而酒以酣焉。客有弹琴于屏，邕至门试潜听之，曰："憘！以乐召我而有杀心，何也？"遂反。将命者告主人曰："蔡君向来，至门而去。"邕素为邦乡所宗，主人遽自追而问其故，邕具以告，莫不怃然。弹琴者曰："我向鼓弦，见螳螂方向鸣蝉，蝉将去而未飞，螳螂为之一前一却。吾心耸然，惟恐螳螂之失之也。此岂为杀心而形于声者乎？"邕莞然而笑曰："此足以当之矣。"

大意是说，善斫琴也善听琴的蔡邕，有一次被乡人请去吃饭，恰好有人于屏后弹琴。他从琴声中听到隐隐杀机，转身而去。乡人十分不解，一问才知，原来琴人鼓弦时见螳螂捕蝉，心中悚然，指下毕现。

4

作为中华民族最古老的弹拨乐器，古琴在唐时不仅有了一种相对于文字谱更加简化、方便的记谱方式——减字谱，而且，像武术界流派林立一样，也出现了不同琴派的雏形，有自己的师承，也有相对固定的风格。贞观初著名琴师赵耶利将其论述得极为精准："吴声清婉，若长江广流，绵绵徐逝，有国士之风。蜀声躁急，若激浪奔雷，亦一时俊快。"这是对吴地古琴风格最为著名的评价，亦被历代吴地琴人奉为圭臬。随着北宋王朝的覆灭，宋室南渡，中国音乐史上公认的第一个真正意义上的古琴流派——浙派在国都临安（今杭州）孕育成熟，一直影响到元、明各代。苏州与杭州同样作为人间天堂，虽没有"国都"地位的加持，但作为曹雪芹笔下"红尘中一二等富贵风流之地"，自古以来便是文人墨客汇集之地，各种流派、风格的琴人在此交流、传琴，久而久之，自成一派。尤其是明代虞山琴宗严天池振臂高呼，"清、微、淡、远"之琴风被时人奉为琴学正宗，亦成为吴地古琴新的评价追求和自我标榜……正是这样的一代代吴地琴人手挥七弦，写下了属于一座城的琴史。

在这段漫长的历史中，无法绕过一个人：朱长文。

他的父亲朱公绰是范仲淹的得意门生，希望自己的孩子"生子能文毕矣"，所以满怀希望地为之取名"长文"。朱长文也不负父望，"十岁善属文"，博闻强识，经史子集皆有造诣，尤其以琴艺和书法见长。然而，不幸的是，他入第不久就意外坠马，不得不回到家乡，侍奉家人。他隐居在祖辈们留下来的乐圃里著书立说，最终成为众人仰慕的"乐圃先生"。

乐圃原为五代时金谷园旧址，后为朱氏所得。据朱长文《乐圃记》记载，先由其祖母吴太夫人所购，其父与叔父均居于此。其中一节还写道：

> 苟不用于世，则或渔或筑，或农或圃，劳乃形，逸乃心，友沮溺，肩黄绮，追严郑，蹑陶白，穷通虽殊，其乐一也。故不以轩冕肆其欲，不以山林丧其节。孔子曰："乐

天知命，故不忧。"又称颜子在陋巷，不改其乐，可谓至

德也已。余尝以"乐"名圃，其谓是乎！

　　隐居乐圃的朱长文，读书弹琴，修心悟道，完成了《琴史》一书。书计六卷，可分两部分，卷一至卷五为第一部分，皆为琴人事迹，从上古时期的帝尧、大禹一直写到与他同时代的宋太宗、欧阳修和范仲淹，计有一百五十八位琴人——他们一个个都是中华文化的代表性人物。卷六即第二部分，从《莹律》《释弦》《明度》《拟象》《论音》《审调》《声歌》《广制》《尽美》《志言》《叙史》等十一个章节展开论述，涉及琴制、弦徽、琴名、琴调、琴歌等琴学诸多方面。如果说前五卷是朱长文对琴人、琴事的系列汇总，那么，卷六则是他对琴学的系统论述，体现了他深厚的琴学造诣。当然，《琴史》最为重要的意义则在于此前关于古琴的记述皆散见于各类经史子集，而朱长文以其卓越的见识对浩如烟海的文献资料进行甄别、编选，完成了中国历史上第一种专门以琴为史的书。

　　在卷六《论音》中，朱长文谈道："音之生，本于人情而已矣。"

此句真是直抵古琴乃至人世间所有音乐的本质。

宋元符元年（1098）二月，朱长文在乐圃溘然长逝，享年六十岁。书稿《琴史》由家人保存，百年之后由其侄孙朱正大付梓印行，得以流传。

5

如果以地域论，严天池开创的虞山派将苏州琴学推向一个新的高度。

虞山，是常熟的一座名山。

严天池师承陈爱桐，又吸取京师琴派沈音的创造，形成了"清、微、淡、远"的琴风，并在常熟组织了中国第一个琴社组织——琴川琴社。他在《松弦馆琴谱》的序言中明确强调音乐本身的艺术表现，批驳了当时滥填曲词的风气。加之严天池是名门之后——文靖公严讷之子，又做过知府，显赫的社会地位让他的琴学主张得以广泛流播。

徐上瀛也为虞山派的发展做出了卓越贡献。

青年时期的徐上瀛，参加过两次武举考试。后来他隐居于穹窿山，甘于清贫，一心习琴。他总结多年的弹奏实践，辑成《大还阁琴谱》，所著的《溪山琴况》对琴曲演奏的美学理论进行了系统而详尽的阐述，提出了"和、静、清、远"等二十四要诀，是中国古琴美学的集大成之作，影响了清、民国琴坛近400年。值得一提的是在2022年启动的《苏州全书》的编纂工作中，《大还阁琴谱》赫然在列。新出版的《大还阁琴谱》六卷附以《万峰阁指法閟笺》《溪山琴况》，收录琴曲三十二首，其中二十二首与《松弦馆琴谱》所载琴曲同名，继承了严天池琴风并在细节上加以润色。同时，还收录了《雉朝飞》《乌夜啼》等疾曲和《潇湘水云》《离骚》等外调共十首，弥补了严天池只求简缓而无繁疾的缺陷，在继承的基础上也丰富了虞山派琴学。虞山派"古音正宗"，"黜俗归雅，为中流砥柱"，被后世公认为"明清之际最有影响的琴派"之一。

1984年，常熟恢复成立虞山琴社，著名古琴家吴景略的学生、晚清学者翁同龢后人翁瘦苍先生任社长，开展古琴艺术的宣传和普及工作。现由朱晞承其衣钵，诲人不倦，扶掖后进，继续为弘扬虞山琴派不遗余力。

6

苏州园林里,怡园最为风雅。

它不仅是一座园林,更是苏州文人赏琴听曲、交流书画的
雅聚之地。怡园的坡仙琴馆是中国古典园林里唯一的古琴琴
馆。园主顾文彬善音律,对高山流水觅知音的高雅境界神往已
久,造园时特意设坡仙琴馆,内分两间,东侧有匾"坡仙琴馆",
西侧匾曰"石听琴室"。

坡仙琴馆的匾额,由吴云书额,并加跋曰:

　　艮庵主人以哲嗣乐泉茂才工病,思有以陶养其性
情,使之学习。乐泉顿悟,不数月指法精进。一日,客持
古琴求售,试之声清越,审其款识,乃宋元祐四年东坡
居士监制,一时吴中知音皆诧为奇遇。艮庵喜,名其斋曰
"坡仙琴馆",属予书之,并叙其缘起。

这何尝不是一段风雅的古琴往事呢。

坡仙琴馆有一联，写的就是园主顾文彬之子顾承的习琴旧事：

步翠麓崎岖，乱石穿空，新松暗老；

抱素琴独向，倚窗学弄，旧曲重闻。

琴馆西侧，是石听琴室。

室内顶是一大翻轩，南面长窗坐槛，西北窗外偶立二石峰，一石直立似中年，一石伛偻若老人，俱作听琴状，室名由此而来。据专业人士分析，石听琴室的建造，既遵循了音响学原理，也科学地解决了回音干扰。琴室南北各有长窗五对，窗头直至屋檐，窗脚离地二尺，自然也是考虑春夏秋三季开窗面南操琴的需要。

所有这些细节，体现的正是一座园林对古琴的呵护与尊重。

7

中国近现代史上的第一次古琴盛会，就在怡园举行。

1919年仲秋，琴家叶希明、顾鹤逸、吴浸阳、吴兰荪等人，特邀湖南、上海、扬州、重庆等省市琴人三十余人，相聚怡园，以琴会友，切磋琴艺，分别演奏了《梅花三弄》《胡笳十八拍》《石上流泉》《雁过衡阳》等名曲。不仅如此，他们还对琴人所携的十余张藏琴的琴名、琴式、断纹、题识等一一汇考，并加以记载。这场琴人间的雅聚，在时间的长河里流汇成中国近代琴学史上最为绚烂的一章，因为它推动了古琴的跨地域交流和传播，对拯救古琴艺术于衰微之境，意义极其深远。

　　这场彪炳史册的琴会，最值得记住的一个人是叶希明。

　　他本在苏州盐公堂协助经营管理苏州府的食盐运销、盐税征缴等盐务事宜。但他热爱古琴，与怡园主人顾鹤逸一见如故，相见恨晚。后来吴浸阳加盟，他们常常在一起探奥索窍，精究琴理。举办琴会的想法就是叶希明提出来的。得到大家的同意后，叶希明就开始发请柬，邀请外地同仁。琴会期间他还请李子昭绘《怡园琴会图》长卷，真实再现雅集场景，又请吴昌硕作《怡园会琴记》长题以志其盛，还请其他好友题诗。最后又亲自编纂《会琴实纪》，苏州的金松岑等名流为之作序。

　　《会琴实纪》内容完备，第一卷为《程式》，主要收录邀请函及名单、与会人员名单、节目单；第二卷为《雁讯》，收录北京杨宗稷、上海根如和尚、杭州谈靖仙、扬州张子益四位琴家的信函；第三卷为《鸿篇》，收录了周庆云、劳启扬、吴建、张灵光（烺然）、吴德华等十六人的题诗；第四卷为《答案》，针对研讨琴学的几个问题，由吴县王寿鹤作解答；第五卷为《会纪》，收录了吴昌硕撰写的《怡园会琴记》；第六卷为《琴考》，对怡园琴会上展示的十五张古琴进行考释。

闲翻此书，约略知道以下信息：一、琴会的时间一改再改；二、琴会只进行了一天时间；三、受邀的参会人员和实际到会的，略有变化。不得不说的是，一册《会琴实纪》如实反映了怡园琴会的整个过程，并延伸了雅集内涵，尤其是苏州琴家王寿鹤对"按音与泛音之理""飞吟淌吟往来吟游吟之区别"等理论与技法进行了详细解答。同时，《会琴实纪》也真实再现了"五四"新文化运动前后琴坛的状况。

当然，要真正理解这场琴会的意义，还要跳出古琴艺术的本身：琴会举办于新文化运动之后，也就是"德先生"和"赛先生"来到中国之后，这何尝不是传统的知识分子对"全面西化"浪潮的一次无言抗议呢。

8

十六年后，各路琴家再次雅聚怡园。

这也是1935年的事。

这一年重九之日，琴家庄剑丞折简邀集苏、赣、闽、蜀各地琴友，雅集于坡仙琴馆。79岁高龄的李子昭以一曲《塞上鸿》开启雅集。随后，吴兰荪弹《石上流泉》，郭同甫弹《平沙落雁》，彭祉卿弹《渔歌》，查阜西弹《潇湘水云》，吴兆基弹《阳春》，吴兆瑜弹《渔歌》，吴兆琳弹《普庵咒》。李子昭见吴兰荪诸子女均能操缦，甚是欣慰，不仅对吴兆基兄妹慰勉有加，还欣然复弹一曲《白雪》。雅集自上午九时始，下午四时以庄剑丞的一曲琵琶《霓裳羽衣曲》收尾。这次雅集的与众不同之处是没有停留在琴者之间的清赏，查阜西会同李子昭、周冠九、彭祉卿、吴兰荪、王寿鹤、庄剑丞诸琴家，发起创立今虞琴社的倡议，并于次年初春在坡仙琴馆召开琴社成立大会，查阜西任社长。1937年，开始出版琴刊《今虞》。

今虞琴社可以说是第一个全国性的古琴社团，团结百家，交流技艺，传习琴曲，互通消息，兴废继绝，亦开启了琴界结社之风。遗憾的是，在那个战火纷飞的年代，时局动荡不堪，琴会渐渐哑声。但怡园琴会的雅聚之风就像生命力极其顽强的一粒种子，深埋于苏州琴人的心中；掀起古琴传承小高潮的今虞琴社也为当代琴人指明方向。1986年底，参加过今虞琴社活动并获益良多的"吴门三老"——吴兆基、叶名珮、徐忠伟，以及吴兆基弟子裴金宝发起成立吴门琴社，延续今虞传统，团结苏州琴人，定期组织活动。至此，苏州古琴进入"吴门时代"，并开始开枝散叶。今虞琴社、虞山琴社、吴门琴社，同以严天池为宗，以"清、微、淡、远"之琴风为追求，可谓一脉相承。早年，虞山琴社和吴门琴社常常组织联谊活动，而同今虞诸贤一样，拜谒严天池墓也是一项不可或缺的重要活动。

　　1992年，在谢孝思、王西野等文化前辈的倡议和帮助下，吴门琴社得以常驻怡园，再续怡园琴会。当琴声再次在雅致的怡园回响，渊源有自的怡园琴会得到了一次久违的遥遥呼应。也是从这一年开始，吴门琴社与狮子林管理处（怡园管理方）正式合作，每月在坡仙琴馆举行古琴雅集，迄今已坚持三十余年。现在，怡园琴会除了固定的雅集，还有研讨琴学、出版琴谱琴刊和音像数据等活动，内容愈加丰富，在长三角乃至全国的影响力也越来越大。

9

说起苏州古琴，绕不开古琴世家吴氏的传承，亦有人称"吴门琴派"。吴兰荪、吴浸阳两位古琴大家创立的吴门琴派，经由吴兆基的融会贯通得以发扬光大。后来，有人谈及这一点，吴兆基总是说，吴嘛，吴地的"吴"，也是吴声清婉的"吴"，自己只是恰好姓吴。

——真正的大师总是如此谦逊低调。

如果从吴兰荪算起，到吴兆基、吴光同，再到吴明涛，这样一个古琴世家百余年来的古琴往事，似乎从没有离开过怡园琴会。

吴明涛，现任吴门琴社社长。

他自幼受祖父吴兆基的熏陶，十岁开始习琴，承继了中正平和的琴风。2009年，他与父亲吴光同一起创办了吴门肇基文化会馆，为传承吴门琴派而孜孜以求。我曾在不同的场合见他抚琴，但更愿意听他讲述吴门世家的古琴往事，如同观赏一部跌宕生动的纪录片，一些细节跟逸事一直忘不掉：

片段一：1912年，吴兰荪从湖南迁居姑苏区盘门附近，购置的一个园子，名为琴园，是当时苏州古琴雅集的中心之一。

片段二：吴兆基最早学琴的老师是吴浸阳。川籍古琴名家吴浸阳久居江南，琴风既有川派的清逸洒脱，也有虞山派的清微淡雅。他经过几十年的操缦，将两种琴风化为一炉。

片段三：吴兆基是苏州大学的教授，也是太极拳的高手。

片段四：1983年，吴兆基到北京参加第二届全国古琴打谱会，弹了一曲《秋塞吟》，惊艳全场。当时琴家评价其琴风"中正平和、宁静古朴、清逸洒脱、气韵生动"，概括为四字就是"简、劲、清、和"，世人称之为"吴门琴派"。

片段五：吴明涛虽出生于古琴世家，但儿时对古琴并无兴趣。十岁那年，祖父对他说，如果不学琴，就把家传古琴"玉玲珑"送人了。就因为这把"玉玲珑"，吴明涛开始学琴。现在，他经常深入苏州的中小学，从手型、体态到基本识谱、指法，手把手地教孩子们，把"古琴文化入校园　非遗文化代代传"的项目课程落到实处——他不仅是一位琴师，更是一位古琴文化的传播者。

这样的蝶变恰好是古琴在苏州兴盛不衰的一个重要原因。

10

裴金宝，是当代苏州琴学无法绕过的又一个关键人物。

他在石湖之畔斫琴、藏琴、修琴、打谱。关于他，我曾写过一篇《湖畔琴师》以记其详。2017年，苏州博物馆为他专门举办了一场古琴展。到过苏州的人都知道，苏州博物馆是苏州的一张文化名片。贝聿铭的独特设计、丰富的藏品以及一场场高规格的展览，让其美名远播。因此，能在这里举办个展的皆为各行各业的重量级人物。先生的展览，由陈瑞近馆长亲自撰写前言——好像这也是苏州博物馆的惯例。学识渊博、温文儒雅的馆长给展览的前言是这样写的：

> 琴棋书画，是古人的四大雅好。将琴置于修身养性的
> 首位，足见古琴之地位。琴中有情，古人以琴瑟和好，形
> 容夫妻和谐情深。琴以吟咏，古人以琴寄言广意，宣和情

志。琴遇知音,伯牙子期的佳话,广为流传。诚如魏晋名士嵇康《琴赋》所言:"众器之中,琴德最优。"

苏州古琴早至唐朝,已负盛名。《琴苑要录》载:"唐贤所重,惟雷、张之琴,冠绝今古。雷琴重实声,温劲而雄;张琴坚清声,激越而润。"可见,吴、蜀两地古琴是时备受推崇,苏州张氏与四川雷氏齐名。与蜀地琴音不同,唐代琴家赵耶利赞吴地琴声清婉,"若长江广流,绵锦徐逝,有国士之风"。

古音清籁,今人尤希。吴门琴家裴金宝,无愧是当代吴地清音的守望传承者。他自小酷爱古典乐器,后师从吴门琴派吴兆基先生,于弹琴、修琴、斫琴、传琴,皆深有造诣。

弹琴于他是一种生活方式。弹琴,是文人琴的真谛,也是吴门琴的精髓。弹琴包含古代文人的精神,琴是"道"而非"器",乃传统文化之集大成者。弹琴融入他的生活之后,即便手上无弦,心中亦有弦。

修琴于他是一种技艺传承。修琴者首先应是弹琴人,且要有较好的木工基础,并对木材学、漆器学、音响学、古琴美学有一定的认识水平和艺术素养。他得益于修琴的见多识广,方与斫琴相辅相成。

斫琴于他是一种学问研究。其初衷是兴趣爱好,完全没有考虑经济价值,专心研究琴的结构、材料、形状、厚薄,如何制造等。他将古代阴阳学说的研究应用于古琴斫制,自成一家之悟。

传琴于他是一种守护责任。他曾一起创办吴门琴社,现为吴门琴社社长,致力于古琴的传承发扬。不管学员来自何方,只求品行端正,有爱琴之心。他积极沿用传统的古琴唱谱教学,是古琴传承亲身力行的守护者。

裴金宝先生集弹、修、斫、传于一身,可谓人琴合一,琴人合鸣。本次展出的二十七张古琴,是他三十余年间斫琴之汇聚,也是一路琴缘、一心琴艺的实物见证。同时,感谢他无私捐赠仿明祝公望蕉叶式"望月"古琴,于苏州博物馆永久珍藏。

是为序。

写得真好!

虽不足千字，却把他在古琴上的成绩概括得特别精准，弹琴、修琴、斫琴、传琴的功望无一遗漏。

11

有人做过统计，苏州是当下习琴者最多的城市之一——这样的数据从何而来，准不准确，我不得而知。但一个不争的事实是，我的身边确实有不少学琴的人。移居苏州十多年来，我经常被他们对琴的执着、迷恋与挚爱所感动。

吕继东就是其中一位。

他曾经是一位收入不菲的地方媒体人，后来索性辞职，成立石湖琴社，每天为传播古琴文化而努力奔走着。2016年，他组建了石湖琴社，我有幸参加揭牌仪式，当时就有点想不明白，琴社明明在苏州工业园区独墅湖畔一家颇为高档的住宅小区，缘何又以石湖名之？后来才知，中间有一段小插曲。2001年，吕继东从厦门大学中文系毕业后寓居的沧浪新城，在姑苏城的西南角，毗邻石湖。吕继东因对范成大晚年归隐石湖的高逸品格仰慕有加，遂"盗用"其号，将"石湖居士"移作网名。久而久之，琴友们就直呼他为"石湖"了。后来，琴社成立时他也就"顺手牵羊"引为琴社之名。人间尘事，于冥冥中皆有缘，就在琴社成立两周年之际，他于石湖蠡岛觅得一间雅室，辟为琴社，算是琴社的石湖分部。不日，他在这里开门授徒，空下来的时候，一个人抚琴喝茶，不问世事，隐士一般。

有一次，我夜访琴社。推门而入，布置得真是雅致。吕继东正在抚琴——真是抱歉，冒昧的到来打乱了他的节奏。寒暄过后，他继续弹，我坐下来听，偶尔望一眼外面的夜色如何笼罩湖面。他弹了三支曲子：《秋风词》《良宵引》和《阳关三叠》。《秋风词》略悲伤，《良宵引》清雅和静，《阳关三叠》的轻重缓急把握得极好，让人不禁怀念起河西走廊的风声与沙枣花。毕，一起喝茶，他顺手送我一册自编的《古琴入门二十四讲》。书是自印的，但印制精美，薄薄的一百余页里字字饱含着他的习琴甘苦。粗翻之后，以为独到之处有三：一是每一讲既有学习提示、练习要点，还有小结，章节之间相互勾连，由浅入深，循序渐进，不失为一册初学者的案头必备书；二是既有指法的具体指导，又有对琴曲的独到理解；三是选择性地穿插了一些与琴有关的古画以及《溪山琴况》的若干要点，算是有心之举，颇具画龙点睛之美。

一座湖，通过涟漪将古琴的声音传递出去，多么美好。

前几年，因为写一本有关茶的闲书，翻检了不少古画，常常能碰到文人雅士携琴前往湖中的场景，古意盈盈。蠡岛的石湖琴社就让这样的雅致在当代复原，在这个车流滚滚的时代，携一架琴，朝着一座湖而去，然后在一座岛上弹琴品茗，多么风流蕴藉啊。

12

苏小熔是我认识的另一位青年琴师。

她是广东人，我是怎么认识的呢，都忘了。只记得第一次见面，好像是在她的茶室。茶室在老城区的一栋居民楼里，我坐着公交车七拐八弯去的。她经营着一间不大也不小的茶室，兼着教人弹琴。

她给我说，是风吹古琴的细节打动了她。

还在读大三时，有一次她陪朋友去郊游，朋友的叔叔带来了古琴。这也是她第一次见到琴。大家在海边恣意聊天，忽然，一阵海风携着浪来，古琴在没人触及的沙滩上发出了"嗡"的一声，饱满，又吸引人。就在那一刻，她下定决心要学古琴。之后，她拜这位叔叔为师，开始学琴。再后来，她研究生毕业后留在苏州，老师费尽周折，穿针引线，让她跟古琴大师叶名珮学琴。

有了名师的加持，小苏琴艺精进。她告诉我，叶名珮老师对她影响最大的并非技艺，而是琴德。叶老先生生活极其俭朴，家具都用了几十年了，摇椅用旧电线固定着，沙发脱皮了，盖着一块舒服的棉布，连琴桌也很旧很旧。但叶老先生对学生很认真很细心。有一年小苏从敦煌旅行回来，老师从一本旧书里小心地翻出一张多年前从报纸上剪下来的文章送给她，还说："你去过河西走廊了，这篇文章对你理解《阳关三叠》会有帮助。"

她说，总是被这些温暖的细节打动，一次又一次。

她说，现在在苏州成家生子，有一间晓榕琴室，专注于琴，也教人学琴，一切都安稳了下来。

她说，这些年，古琴就是自己精神的居所。

13

后来，又认识了曹小姣。

她在苏州古城有一间古琴工作室。说是工作室，其实是选了一个安静的小区，把客厅改造了一下，设计成了琴房兼书房，平时就在这里弹琴、授琴、读书、写作。我未曾到访，深以为憾。她的工作室名为"乐琴书"，出自陶渊明《归去来兮辞》中"乐琴书以消忧"一句。陶渊明爱琴，但传说他"性不解音，而畜素琴一张，弦徽不具"，每次饮酒兴至，则抚而和之："但识琴中趣，何劳弦上声！"能懂得大音希声，这应该就是知音的最高境界。曹小姣仰慕陶渊明，遂以他的诗句命名工作室。

有趣的是曹小姣多年来沉迷于古琴，但本科学的是数学，研究生攻读的又是数量经济学，一个纯理工的女孩为什么最后迷醉于古琴呢？也许，这就是一个人的宿命吧，找到跟内心契合的东西，那才是最重要的。她的习琴故事也颇有悬念，本来是报名去学古筝的，忽然听到的一支琴曲让她立刻改弦易辙，弃古筝而习古琴。就这样，一下子与古琴朝夕相伴了十几年。

那一刻，曹小姣一定与古琴有相见恨晚和久别重逢之感。

彼时，她还在上海。几经辗转波折，得以拜苏州名家叶名珮为师。每周末往返苏沪习琴，每周一课，她学得极其认真，老师也发现了她的天分，又念及她奔波，每次给她一个下午的时间，先学琴，然后开始聊天，不仅聊琴，还聊人生，聊起过去种种。她也因此了解到老师的人生经历比想象的还要丰富和传奇。后来曹小姣干脆辞掉上海的工作移居苏州，专以授琴为业。她也不忘师恩，为其写了一本传记。写作过程中，师徒经常一起探讨。初稿完成了，打印出来让老师看，叶老也是逐字逐句地标注、修改，非常认真。遗憾的是，书稿尚未付梓，而先生于2022年2月11日仙逝，享年93岁。从曹小姣的讲述中，我们可以从古琴以外的角度了解叶老师——她少年时便随父漂泊沪上，在父亲支持下安贫乐学，屡有奇遇。所遇所学皆是民国上海文化界的名流——琴学启蒙于淮阳派名宿杨子镛，后又随广陵派张子谦、泛川派李明德、新浙派徐元白等名家学习；同时又先后随名画家顾青瑶、李秋君、张大千学画；又与杨式叶派太极拳创始人叶大密学习太极拳和舞剑，是难得的吸收、保留其时艺术风貌及美学特色的琴家。更可贵的是叶老师有着深深的家国情怀。

新中国成立后，她毅然参军，准备抗美援朝，但因战争结束没能上战场。转业后，她与丈夫辗转天南海北，加入了轰轰烈烈的军工建设和重工业建设中，晚年叶落苏州，潜心琴与画，兴废继绝，九十岁高龄仍上台演出，整理琴谱。

曹小姣最大的遗憾是老师没有等到书的出版。

但人生，何尝不是一门遗憾的艺术呢。

古琴曲里的《知音》，不就是知音难觅的遗憾么。而在滚滚红尘里的我们，更应该在遗憾的小径上记下温暖美好的时刻。比如，曹小姣的婚礼不是俗常意义上的婚宴，而是一场古琴雅集——这也是最让她开心的事。她和先生结缘于苏州学琴。叶名珮就是证婚人，雅集的场地也是她找的，老师带着同门师兄妹们一起在琴箫声中见证了他们的爱情。我也见到了他们的那张合影，叶名珮端坐中间，端庄优雅，曹小姣一袭红衣，与新郎分坐在先生两侧。

这样的婚礼，多么卓尔不群啊。

曹小姣新婚雅集的名字，叫"琴瑟和合"。这四个字太打动人心了，又和《诗经》里的"琴瑟在御，莫不静好"一脉相承。

14

鲈乡，泛指江南水乡。

但在我看来，更应该确指吴江，毕竟江南一词太大了——况且，历史上"莼鲈之思"的主人公张翰就是吴江人。所以，鲈乡作为吴江的代名词更妥帖一些。在吴江，我发现就有一条路，叫鲈乡路。

鲈乡琴社，2004年成立于吴江。

我对琴社创始人张常恭说，这个名字取得好。

他颇有君子之风，微微一笑，不吱声。我跟他是在上书洲的一次雅集上认识的，后来引为知己，交流颇多。在他的朋友圈，我经常能看到琴社的各类活动，或预告，或现场视频，内容丰富。无论是琴人雅集，还是古琴讲座，都看得出张常恭像拼命三郎一样地为古琴不停奔走。而他自己弹琴的时间都是从各类活动中挤出来的。我听过他的《忆故人》，也听过他吹箫，皆有古意。有趣的是，每次参加鲈乡琴社的活动，我都会情不自禁地想起陆游的句子：

欲与众生共安隐，秋来梦不到鲈乡。

这是陆游写给范成大的和诗，句子里有追问之思，也有归隐之意。

而古琴何尝不是如此呢。

15

苏州，一座生机勃勃的江南之城。

如果单从经济体量考察的话，它已经是中国地级市的"天花板"——苏州的领导就曾公开坦言，苏州的目标从来不是在地市级里争做第一。不得不承认，在经济学家、商人和创业者的眼里，苏州是经济风向标，是投资的沃土，更是无数追梦人宜居宜业的天堂。然而，正是这座与时代加速赛跑的城市，从古至今一直是中国古琴的重镇，琴风浩浩荡荡，习琴之人多得令人咋舌——据说，现在至少有三万多人。这确实也是一个值得研究的文化现象。

苏州，堪称一座古琴的城邦。

2003年，古琴被列入人类非遗名录，为什么是苏州负责组织申报的呢？也许，是古琴选择了苏州，也是苏州选择了古琴。

2023年2月20日初稿

香山帮传奇

1

明永乐四年（1406），明成祖朱棣做了一个重要决定：迁都。尽管朝廷上下莫衷一是，但他最后还是决定舍弃秦淮河水碧波荡漾的金陵，将自己的营盘扎在曾经的元朝首都。十一年后，朱棣委派泰宁侯陈珪督造宫殿，并在江苏招募了大批工匠。

在浩浩荡荡前往北京的那支工匠队伍里，有一个人，就是苏州的蒯福能。

《皇明通纪》载："祥……父福能，主大营缮，永乐中为木工首。"彼时，蒯福能已经是京师总管建筑的"木工首"了。而其子蒯祥自幼随父学艺，也被带到了北京。到达北京，蒯祥的第一项任务就是设计承天门，并负责组织施工。这项工程于永乐十九年（1421）竣工。整个建造过程中蒯祥精于构造，"略用尺准度……造成，以置原所，不差毫厘"。除此之外，他还巧妙地把苏南特色的苏式彩绘和陆墓御窑烧制的金砖运用到皇宫建设中，加之善于创新，发明了宫殿厅堂建筑中的"金刚腿"和"活门槛"等技艺，他很快被授职营缮所丞。承天门竣工之后，蒯祥得到了文武百官的夸赞，永乐皇帝更是龙颜大悦，直呼"蒯鲁班"。永乐十九年，明都正式迁至北京，永乐大帝登奉天殿受百官朝贺，蒯福能父子也受到永乐帝的嘉赏。

在古代的中国，这是令工匠何等荣耀的待遇啊。

从永乐十五年（1417）进京，蒯祥在京城差不多待了四十余年。如此漫长的时间里，他先后负责兴建太和、中和、保和三大殿。随后，又主持重建木构城楼以及两宫、五府、六衙署，并于天顺八年（1464）亲自主持建造明十三陵中的裕陵。蒯祥虽为木工，但因有功于朝廷，最后被封为工部左侍郎，授二品官，享一品官俸禄。不过，说到底这都是功名之事，最值得一提的是蒯祥先后历经四代帝王，带领地方工匠为京城建筑做出卓越贡献，当之无愧地被称为"皇家大工匠"，成为香山建筑流派彪炳史册的关键人物。历史上对蒯祥的建筑造诣评价极高，同行叹其技艺如鬼斧神工，甚至在《宪宗实录》里有"凡百营造，祥无不与"之说。但有一个有趣的现象，就是真正将其生平事迹记录于文献的资料少之又少——更多的传奇故事深藏于明清笔记之中。其中有一则传说,说得神乎其神——在建造故宫三大殿时,缅甸国向明王朝进贡了一根巨木,永乐皇帝下令将其制成大殿的门槛。一木匠不小心锯短了一尺多,吓得脸色煞白。蒯祥得知后索性让他再锯短一尺多,在门槛两端雕琢了两个龙头,再在边上各镶上一颗珠子,用活络榫头装卸。后来皇帝见了十分高兴,大加赞赏。

幸好,《吴县志》对他有过详细的记录:

> 蒯祥,吴县香山木工也。能主大营缮。永乐十五年建北京宫殿,正统中,重作三殿及文武诸司,天顺末作裕陵,皆其营度。能以两手握笔画双龙,合之如一。每宫中有所修缮,中使导以入,祥略用尺准度,若不经意,及造成,以置原所,不差毫厘。指使群工,有违其教者,辄不称旨。初授职营缮所丞,累官至工部左侍郎,食从一品俸。至宪宗时,年八十余,仍执技供奉。上每以蒯鲁班呼之。同时蔡某亦造宫殿,授衔至尚宝司丞。

也许,正因为官至工部左侍郎之故,地方志才不敢怠慢,有了这样的记载。而文中的"蔡某"可能因为品级不够，就被一笔带过了。

这也是工匠在古代的真实写照。

不过，关于蒯祥的史料，在不断被挖掘。

2023年春夏之交，我的朋友、文史专家施晓平从浩瀚书海里找到了蒯祥的墓志铭，这可谓重要史料。从墓志铭中能够看到一个"天性淳笃、无矫伪，而深于思虑"的蒯祥，也能看到一个"自奉俭薄，出入恒乘骑，间乘肩舆，导从甚约"的蒯祥，更能看到一个"遇士大夫，谦谦自牧。或语及先朝营缮，一一记忆，巨细不遗，其心之精专盖如此"的蒯祥。

大海捞针般的发现，让典籍中蒯祥的形象更加生动饱满。

2

蒯祥的显赫声名与地位，让香山帮这个名词渐渐进入了大众视野。

客观而言，这是一个经过不断演变而发展起来的集木作、水作、砖雕、木雕、石雕等多种工种的建筑群体，早就默默存在于吴地人间，只是不为人所关注罢了。他们风吹日晒，他们披星戴月，留下了一座座精美的建筑。虎丘二山门的断梁殿、开元寺的无梁殿、太湖之畔的雕花大楼以及苏州大大小小的精美园林，都是香山帮匠人的臻美之作。至此，读者诸君想必也就明白了，此香山帮并非电影或者武侠小说里能打善斗的某一帮派，而是一个操着一口吴侬软语的工匠群体。

它第一次正式见诸史料，是在道光三十年（1850）苏州梓义公所制作的一块《水木匠业兴修公所办理善举碑》里：

水木匠业，香山帮为最。

而它的历史要追溯到遥远的吴越争霸时期。

公元前560年，吴王诸樊迁都姑苏，不过，真正掀起修建大潮的还是后来的吴王阖闾。他率兵伐楚，见识了楚国的绚丽建筑后开始修筑姑苏台，台下辟百花洲、长洲苑，还修通了连接胥门的九曲路。令人惋惜的是，大部分宫苑后来在兵乱之中化为一片焦土。

这应该是历史上香山工匠的第一次集体亮相。

后来，东晋衣冠南渡，从中原逃亡而来的文人雅士和贵族们纷纷定居江南，开始大兴土木，建宅造园，自然要找当地手艺出众的工匠。这时候，香山一带的匠人就有了施展才华的舞台，成为士大夫们的座上宾。隋开皇十年（590），杨素平定江南后，因"苏城尝被围，非设险之地，奏徙于古城西南横山之东、黄山之下"，于是征集大批工匠，在新郭一带大造苏州"新城"。尽管唐高祖武德七年（624）又迁回旧址，但香山匠人在这场规模浩大的造城中的作用与贡献同样不可低估。宋代以降，经济重心南移，苏州是江南的富庶之地，筑园之风大兴，而苏州园林与香山帮又实现了互相成就——在这个过程中，明清文人的积极参与加入，让香山帮跳出了一门技艺的局限，成为一种江南范式的美学实践。

3

香山是苏州穹窿山的东南支脉，临着太湖。

据《木渎小志》记载，因昔日吴王夫差在此种香草，遣宠妃西施及美人采之，故有此名。苏州多山，为什么偏偏要以"香山"命名这个匠人群体呢？大抵是因为工匠起初多来自香山一带，更准确地说，其流布范围是在香山及香山西南区域，东西以胥口镇区、胥山为界，北以穹窿山为限，东南延伸至白马岭，西南扩展至太湖沿岸，包括太湖中的长沙岛和叶山岛，主要在花墩、水桥、外塘、梅舍、香山、郁舍、姚舍、小横山、蒋墩、墅里等十五个行政村，共计一百零八个自然村。这一带人稠地稀，口粮紧缺，家中男丁不得不外出讨生活，所以就选择了门槛较低的建筑行业。当然，今天的香山帮已经不再受地域限制，外来匠人也不少。

这一现象在明代张大复《梅花草堂笔谈》里就有记载：

吴中土木之工，半居南宫乡，其人便巧而少冒破。

南宫乡，即明清时期的香山，民国初年改称香山乡，再后来一分为二，分属胥口镇和光福镇。

香山帮匠人，最初的木雕由木匠兼营，砖雕由泥水匠兼营，清代乾嘉以后，随着业务量的剧增，建筑雕刻风格趋向细腻烦琐，促使木雕、砖雕更加细化，逐渐形成了一个由木匠领衔的工匠群体，不仅工种齐全，而且分工细致，能够满足各种高难度建筑工艺的需求。

我一直惊讶于他们的分工。

以木匠为例，分为"大木"和"小木"。前者从事房屋梁架建造，包括上梁，架檩，铺椽，做斗栱、飞檐、翘角，而后者负责门板、挂落、窗格、地罩、栏杆、隔扇。就在"小木"里，还生出周花匠等不同的工种。如果仅从木雕工艺讲，有整体规划、设计放样、打轮廓线、分层打坯、细部雕刻、修光打磨、揩油上漆等不同的分类。据说，他们日夜不离手的凿子就有手凿、圆凿、翘头凿、蝴蝶凿、三角凿之分，而且，每一种凿子又有不同的尺寸和角度。

何谓工匠，何谓工匠精神，这样的分工就是最好的答案。

在香山帮的历史上，有一则"烂泥吴鲍，木头金宝"的故事，说的是清代的香山匠人兴建西园戒幢律寺时，吴鲍和金宝两名工匠分别负责济公和疯僧，也算是一场比赛。一年之后，他们各自交工，最后技艺不分伯仲，实现了艺术上的完美统一，一时传为佳话。

4

姚承祖，是香山帮历史上继蒯祥之后一个承前启后的重量级人物。

他出生于木匠世家，自幼聪明灵巧，拜举人钟仲田为师，苦读四书五经。光绪八年（1882），开始操斧使凿，在苏州城乡营建房舍殿宇，不到二十岁就在乡间享有"秀才"之誉。民国元年（1912），苏州成立鲁班协会，他当选为会长。回顾其一生，不得不承认，他是对建筑事业识见相当阔远的一个人。

其一，在他看来，没有文化的木匠不是一个好木匠，所以他一直主张木匠不仅要学会舞斧弄锯，更要扎实学习文化知识。基于这样的理念，他在姑苏城玄妙观一带开办梓义小学，在家乡开办墅峰小学，免费招收工匠子弟入学。

其二，受苏州工业专科学校校长邓邦逖之请，他讲授建筑学。他极其敬业，认真准备教案——今天我们所见到的《营造法原》就是以他当年教书时编绘的课本为蓝本的。此书是唯一记述江南地区代表性传统建筑做法的专著，被誉为中国南方建筑的宝典，它最为深远的意义是使香山帮匠人从此摆脱了口传心授的传承模式，有了规范可循。尽管1956年张至刚先生增编了《营造法原》，系统阐述了江南传统建筑的形制、构造、配料、工限等内容，但基础性的工作还是姚承祖先生所为的。我虽是建筑行业的门外汉，但也买来一册线装本偶尔翻翻，仿佛是用自己的方式对姚承祖表达敬意。

其三，经他设计建造的厅堂馆所、亭台楼阁、寺院庙宇不下千幢，可惜缺乏记载，所知现存者仅有四处，分别是怡园的藕香榭、光福香雪海的梅花亭、灵岩山的大雄宝殿、木渎的严家花园。不知为什么，我偏爱香雪海那座小小的梅花亭。香雪海是中国四大赏梅胜地之一，每年二月，梅花吐蕊，满山盈谷，势若雪海，万千人奔涌而至。这里本有一座梅花亭，后毁于兵燹，民国十二年（1923）姚承祖负责设计重建的亭子，依山面梅，造型别致，呈五角梅花形，其瓦顶、柱、栏、墙体、花砖、地面均为五瓣梅花状，与周围景致融为一体。亭子的宝顶是一只优雅的铜鹤，典出"梅妻鹤子"。每年赏梅，我都要特意到亭子里坐一会，或畅想，或回望，似乎只有在这里才能找回自身。有人说，如果俯视，香雪海的梅花亭状似一朵绽放的梅花；也有人说，亭子宝顶上的铜鹤能随风旋转,我不得而知。

姚承祖晚年在姑苏城里造的补云小筑,俨然一处古典园林,遗憾的是最后毁于那个特殊的年代。若姚承祖地下有灵,一定会悲伤不已。但这又有什么办法呢。故园不在,不过"补云"一词直抵人心,甚是阔远,其间藏着一代匠人的情怀与梦想。

在我看来,姚承祖的意义,不仅仅是给我们留下了这些精美建筑,也不仅仅是那一册《营造法原》,而是他始终在弘扬一种"道器相成"的精神。在中国的传统文化里,自孔子提出"君子不器"之后,传统知识分子始终崇尚以"道"为职业,而不屑于"器"。因此,传统社会里"道"和"器"是相分的,所谓士农工商的分类里,士从事"道"的职业,工、商从事"器"的职业。这种情况一直到清末民初才发生了本质的变化。一代名师姚承祖用自己的成就颠覆了"道器分离"的状况,成为中国传统建筑领域里前无古人、后无来者的"道器相成"的旗帜人物。

现在我们重提工匠精神,并给予他们应有的地位,这和姚承祖当年所倡导的恰好不谋而合。

可见,姚承祖的思想多么前卫!

5

　　无论是声名显赫，还是寂寂无闻，一代代香山帮匠人给人世间留下一座座精致的建筑，并让清淡雅素的苏派建筑在中国六大建筑派系中占有一席之地。

　　如果说《长物志》《园冶》所阐释的是一种理想的苏式生活，那么，正是一代代香山帮匠人将其落到实处。一座座精巧雅致的苏州古典园林，从来就没有离开过香山帮的存在，它们荣辱与共，互相成就。以拙政园为例，这里的鸳鸯厅之所以如此命名，就是因为一个空间能诞生两个世界：南厅向阳，厅南面有墙围合成小庭院，既挡风，又聚暖，宜于冬春住；北厅背阳，外有荷池，由于池水有降温作用及一池荷风吹拂，清凉爽快，宜于夏秋住。没有高超的技艺，岂能做到这些？还有，厅里卅六鸳鸯馆的顶棚，呈拱形，既美观，又因设计成弧形而能反射声音，台上表演的昆曲演员，仿佛自带扩音器。

　　也许，这就是余音袅袅、绕梁不绝最生动的个案吧。

　　新中国成立初期，苏州开始修复留园、拙政园、沧浪亭时，散落各地的香山帮工匠一呼百应，为园林修复立下了汗马功劳。

以留园修复为例，香山匠人王汉平就功不可没。彼时，他和父亲王梓祥在姑苏城里经营着一家营造厂，但还是爽快地接下了修复留园这档看起来无从下手的活。此次修复意义重大，做到了真正的"修旧如旧"，他们把旧时一个破烂不堪的园子修成了《留园记》里所说的"嘉树荣而佳卉苗，奇石显而清流通，凉台焕馆，风亭月榭，高高下下，迤逦相属"的古老模样，几乎与古籍所载一模一样，可谓人间奇迹。如果荡开一笔，无数人心向往之的西藏布达拉宫，早在1989年第一次修缮时，一半的维修任务就是香山帮匠人完成的。

在苏州园林的当代传播史上，香山帮匠人于1979年首开国外造园的先河，在遥远的美国纽约大都会艺术博物馆建造了明轩。1978年，美国纽约大都会艺术博物馆代表团来中国，希望能移建中国园林。网师园是公认的小园极品，于是薛福鑫带领匠人们以网师园的殿春簃为蓝本设计了明轩。明轩占地虽不足一亩，但书房、假山、花坛、清泉、半亭俱全，精巧雅致的中国建筑成为纽约的一方盛景。此后，从美洲到非洲，再到欧洲，四十多座"新苏州园林"陆续出口海外。

从亭台楼阁到厅堂屋舍，从苏州园林到布达拉宫，都留下了香山帮匠人的身影。除了蒯祥，除了姚承祖，还有重修虎丘塔的柳和生、让北寺塔旧貌换新颜的陆文安以及东山雕花楼把作师傅陈桂芳……他们都是把自己的名字镌刻于苏州大地的杰出匠人。

当然，我更愿意向那些寂寂无闻的匠人们致敬。

6

在香山帮的历史上，有两桩悬案至今未解。

一是飞车。

清初，香山有一位叫徐正明的人，聪明灵巧，敢于创新，他最感兴趣的是《山海经》中奇肱氏的故事。受此启发，他决定创造一种飞车，以用于河港密布的江南水乡。他苦思冥想，设计图纸，屡画屡改，最终设计出来了一种形制类似古代"栲栳椅"式的飞车，靠人力能飞离地面一尺有余。他并不满足于此，一直反复研究，以致家贫如洗，妻子一怒之下将其飞车砸碎当柴烧了。

这是一个悲伤的故事，但匠心自现，其人其事在《香山小志》里是这样记载的：

　　一造飞车之某甲，梅社人也，性敏志专一，平生不事
酒食征逐。每工散后人多醉饱游嬉，甲独闭门寂坐，思
创一奇制以鸣于天下。闻人谈《山海经》，感及奇肱之故
事，一旦告归，冥目沉思，伸纸画图，屡涂屡改，寝食俱
忘。期年，稿始就。按图操斫，有不合者则削之，虽百易
不悔。家故贫，无担石储。至是，妻子啼号，爨火不举，
不得已而饥驱赴城。甲故有巧名，工肆闻其出山，争致
之，丰其薪俸，不半年，囊蓄有余，复归造车如故。囊罄
复出，如是者十有余年，而车始成。其制如栲栳椅子式，
下有机关，齿牙错合。人坐椅中，以两足击板，上下之机
转，风旋疾驰而去，离地可尺余，飞渡港汊不由桥。甲犹
不满于心，谓须高过楼屋，能越太湖面四五十里，来往缥
缈、莫厘峰，然后致远可恃。正在踌躇，再图进步，而年
已考矣，未几病卒。其妻嗔其一生材力心思销耗于此，
以至饿填沟壑，皆此车为之也，斧之付炊，其制遂绝焉莫
考。或曰徐其姓，正明其字。

这样的飞车，不知可不可以理解成清代的"智能制造"呢？

另一则是关于海棠亭的。

据《香山小志》记载，苏州有一座园林（一说是环秀山庄）里的亭子，状如海棠，四面窗栏亦以海棠形式建造，亭子的东西两门能够自动开合。人若登亭，离亭子一步之遥时，门会豁然大开，等人进入后门旋即关闭——离开亭子时亦复如此。这样的技艺，跟时下流行的电子自动门如出一辙。

《香山小志》里对此也有记载：

> 一造海棠亭之某甲，谈者云：某园假山上有亭翼然，式如海棠，四面窗槛，亦就其海棠形势为之，钩心斗角，雕镂精细，东西两门均自能开阖。入者相离一步余，门即豁然洞开。既入，即砰然而阖，不烦人力。出亦如此。人多怪之，四顾谛审，莫知其机何在。年久机坏，遍征工匠仿修，举无从措手。或曰：其机埋于假山，不敢发视，恐不能还旧观也。西园罗汉堂旧有疯僧象，痴容可掬，笑态如生，近视之，颠动不已，若欲迎人者，然未知亦即某甲所为否。而今虽修造完竣，无此巧作矣。

"机关"何在？

无人得知。

后来，此门年久失修，遍访工匠维修，可惜无人能为。据说，神秘的"机关"就藏在假山中，但只限于"据说"。当然，也是据说，苏州西园寺罗汉堂里痴容可掬、笑态如生的疯僧像，就出自该匠之手。

——这样的故事，是信呢，还是不信？

不论真假，都能印证香山帮匠人那颗滚烫炽热的匠心。

7

我不禁想起自己的经历——

三十年前，就在我收拾行囊准备去中滩镇读高中的一个晚上，祖父特意把我喊到他的厢房，压低声音问：

"想好了？"

"想好了。"

"木匠这活，一辈子也饿不死。"

"我想读书。"

祖父是家乡方圆几十里出了名的木匠，跟着他学艺的人排成了长队。在他看来，一技在身就能在土塬上风风光光地生活一辈子。我在他责备失落的目光里踏上了求学之路，他对我的选择很失望，甚至有一段时间都不怎么搭理我。尽管如此，多年之后，我想起祖父仍然心怀感激，毕竟，我从他身上学会了勤劳和纯朴。

2006年，香山帮传统建筑营造技艺被列入第一批国家级非物质文化遗产名录。三年后的2009年9月28日，作为中国传统木结构营造技艺的组成部分，其又入选人类非物质文化遗产代表作名录。一门古老的技艺终于迎来了它的高光时刻。就像我始终以祖父为荣一样，我想，每一个俯身于亭堂楼阁深处的香山帮匠人一定会为之击掌相庆。但庆祝是一回事，后继乏人也是他们不得不面对的一个时代难题。在资本裹挟的时代洪流里，香山帮手艺跟波澜壮阔的现代化浪潮是一对天然矛盾，纵然它承载着深远的文化意义，年轻人也不愿加入进来，不愿去面对长年累月风吹日晒的日子。

岁月轮转，我们都不知道未来在哪里。

8

现实乖戾如此，但仍有人在诚心拜师学艺，愿意以此为终生大业。

香山帮的历史上，师带徒的模式特别值得玩味。在中国传统文化里，美食、武术等行业都特别讲究师带徒的传承。香山帮也盛行这种模式，父子、叔侄、舅甥形成师徒关系的屡见不鲜。学徒学艺的年限不等，有三年的，也有五六年的，学徒期满，徒弟一般都会帮助师傅一两年。学徒期间，只管饭没工钱，好的师傅会发少量的"月规钿"或"剃头钿""鞋袜钿"。满师时，要请谢师酒，师傅在酒宴上会委托众朋友日后多照顾自己的徒弟，并送一套基本工具给徒弟留作纪念。

在几个世纪的传承中，香山帮也出现了许多几代人薪火相传的匠人世家。

比如说，出生于木作世家的陆耀祖，从小得到父亲陆文安亲授，长期与父亲一起工作；同样出生于匠人世家的薛林根，其父亲是薛福鑫，薛林根继承父亲衣钵，将古建修复传承至今，代表作有沧浪亭、怡园藕香榭、西园湖心亭、西园大雄宝殿修复等，现在是苏州园林集团的"水作首"。

在固有的传承体系中，除了家族之间的"世袭罔替"之外，还有一种担保入行的师徒传承模式。前者是以血缘关系为纽带的，而后者的出现在一定程度上让香山帮的外延出现了某种可能。担保入行就是在正式拜师仪式之前，得先请一位中保人为师徒搭建关系桥梁。中保人除了介绍双方认识、拜师之外，还要承担担保责任。一旦师徒关系正式确立，中保人对学徒学艺期间的行为要负责任，包括造成经济损失的有关赔偿。所以，中保人既要有一定的经济实力，还得有一定的社会地位。

——不管何种传承模式，一个匠人最终能否出类拔萃，既与其文化水平、师承门派有关，也跟自身的开悟能力、努力程度息息相关。

当然，我也看到了一座城市的不懈努力。

2019年，苏州园林集团制定了《香山人才培养计划》，决定投入1000万元专门用于人才队伍培养，试图构建"国家级、省级、市级传承人的金字塔式传承体系"，使"老中青人才梯度衔接，各个层次对接顺畅"。

2023年4月，《关于推动苏州市"香山帮"传统建筑营造技艺保护传承的实施意见》正式印发，这是从苏州市政府层面为促进香山帮技艺保护、传承和发展提供坚实保障。

9

孙小青，苏州香山古建园林工程有限公司总经理。

总经理只是他的职务，公司是苏州园林集团的一家下属企业。事实上，在孙小青的头顶，还有江苏工匠、香山帮传统建筑营造技艺非遗传承人等诸多称号。我和他相识于2023年春天的一场颁奖典礼——我们共同获评2022年度东吴文化领军人才。在众声喧哗的场合中我们互加微信，这才有了后来的拜访。在他古色古香、很"香山帮"的办公室里，我聆听了他几十年的古建故事。他讲得轻描淡写，我听得激动不已。原来，外人眼中很成功的总经理，这么多年来在古建行当也曾经历了太多的风雨。他于1981年开始在吴县古代建筑工艺公司做瓦工，先后拜过两位师傅，一位是孙泉根，一位是薛志荣。他学的是泥水匠，师傅领进门之后，他不忘苦读，先后攻读了"工民建"和园林专业。

四十多年的打拼中，最让他难忘的有两件事。

一件是2003年至2007年五年之间，作为项目经理，带领施工团队先后修缮了西藏的布达拉宫、罗布林卡、萨迦寺三大重点文物建筑。在太湖之滨土生土长的他们克服高原反应等重重困难和饮食差异，踏访当地历史建筑，在修复工艺上充分尊重藏区建筑特色，把博大的藏地文化巧妙地融合到传统工艺当中，做到了"原汁原味"，而其中甘苦却是如人饮水冷暖自知。

另一件是与世界著名建筑大师贝聿铭的一次合作。

苏州博物馆的建筑之美人人称赞，其中国内首创的用泰山石片石创建的仿中国山水画的假山更是引人关注。而这正是孙小青跟贝大师的合作成果。苏博与拙政园仅一墙之隔，这堵白墙在贝先生看来是一幅画卷、一张宣纸，他的创意是用天然的石头组成一幅山水画，而且要还原米芾的山水画。孙小青根据这样的设计创意，从山东购得泰山石后用电锯开片处理。可每片石头如何摆放呢？高低、错落、远近、疏密、层次，这都是艺术。身在美国的贝大师遥控指挥，孙小青的团队每放一块石片就拍照片传过去，对方要么说"Yes"，要么说"No"，只有得到肯定的回答后才能摆放第二块石片。有时，放了三四块石片，突然一

　　　　　　　　　　何以是江南

句"No"，又全部推翻了，只好重新再来——就十几块石片，反反复复做了两个月。最让孙小青记忆深刻的是石片摆好了，贝聿铭又提出了石色问题："这是水墨画，墨当为主色。"这又该怎么办呢？孙小青最后借助现代化专业工具将石头一一"做旧"，才算达到了贝老的要求。

这次经历，让孙小青学到了好多东西。

孙小青不仅是一支优秀团队的领头雁，更在时时思考着香山帮的未来。交谈中他提到了两点想法，我深以为然。一是政府层面在选择香山帮非遗传承人的年龄结构上应该倾向年轻人，毕竟这个行当里年龄偏高的传承人已经无法到生产一线，可以考虑给那些德高望重的匠人以荣誉称号。二是鉴于一线传承人文化程度较低、文学基础差，希望有关部门组织力量，对这些技艺整理修编记录，以装订成册，流传后世——这样的思路与《营造法式》《营造法原》的诞生其实是一脉相承的。

庆幸的是，在我们身边，有一个个像孙小青一样的人，高举香山帮的"香火"，埋头笃行。

10

如果驱车从苏州绕城西南线西山出口下，沿孙武路向北走，不到三公里，右拐到胥江边，就能看到一座宏伟的大桥。它就是胥虹桥，桥面宽阔，装饰朴素。但就是这座桥，却是世界上跨度最长的一座木结构拱桥。如果从统计学的角度上讲，这座桥有以下数据：

全长：120米；

单跨跨度：75.7米；

载重能力：195吨。

在水泥钢筋盛行的全球化时代，这座桥全部采用7厘米宽、3厘米厚、2米长的小木条拼接胶合而成。这也是胥虹桥的重要之处。它是香山帮技艺在当代交通史上的集大成作品，在苏州建桥史上具有里程碑意义。当代中国的桥梁图谱上，港珠澳大桥、杭州湾跨海大桥、南京长江大桥，都创造了各自的奇迹，独放异彩，但它们却是属于钢铁和混凝土的，而这座胥江上的"彩虹之桥"，它的独特魅力来自木工这门古老的技艺。

让人不得不叹为观止。

站在胥虹桥上，不远处的渔帆村有蒯祥墓，背靠翠色欲滴的渔洋山。去墓地，在墓碑右侧，我见到了一块明代天顺二年（1458）钦赐的"奉天诰命"碑。此墓系20世纪60年代初重修，现为江苏省重点文物保护单位，也是江苏省青少年德育基地。我平时开玩笑似的问过身边的高中生，他们并不愿意成为建筑家。在他们眼里，所谓建筑家就是造房子，风吹日晒，太累了，和人工智能、信息技术、自动化等专业比起来，赚钱也太慢了。

　　这是时代之殇。

　　离开墓园，回到重提工匠精神的现实，尽管周遭还有不少急功近利的人，但途经香山工坊时还是略感振奋。因是临时造访，故未能与工坊的创始人冯晓东得缘一见，但有关他的故事我早就了然于心——这几年有幸读到的《景原》杂志就出自工坊，这是苏州第一本园林景观类学术刊物，冯晓东担任主编。为了保护、传承和发展香山帮技艺，在胥口，也就是香山帮的发端之地，冯晓东精心打造的香山工坊给这门古老的技艺提供了一个固定的展示舞台。这里既能研学，又能开展科研转化，既是行业信息的集散地，又是苏州众多古建公司的一个综合服务平台。就连工坊里的香山帮营造协会也一直致力于民间调研走访，为古老的营造技艺的保护和传播奔走呼号。

承香堂是工坊的主要建筑。

这座鸳鸯厅式的古建糅合了香山帮的诸多技艺，承续了拙政园的远香堂、留园的林泉耆硕之馆以及南半园的半园之堂的风格。虽然只有一二十年的历史，但从中亦能窥探香山帮的风格与魅力。

尤其是一个"承"字，传递出创始人的初心。

离开工坊，回来的路上，我从一轮缓慢落下的斜阳里看到了日出般的磅礴力量。

2021年03月18日初稿

2023年03月28日二稿

刀刻的丝绸

1

2019年，节气：小雪。

在一场漫天大雪里，我从天水回到苏州，结束了一段"兵荒马乱"的日子，终于能在二楼的工作室安心地喝一杯茶了。闲翻手机，看到备忘录里记下的一桩事：去苏州工匠园看缂丝展。

工匠园，就在单位附近，步行也就三五分钟的路。

可能是过了展览的高峰期，展厅观者寥寥，这也倒好，更适合一个人自由自在地看。至今，我还依稀记得部分作品留下来的印象：

《缂丝龙袍》——御用的日用品里有一种高贵典雅；

《沈子蕃柳鸦芦雁图》——让缂丝高度精细地"再现"书画作品；

《水墨江南》——一件小小的缂丝屏风里藏着中国水墨精神；

《梅花寒雀图》——梅枝粗壮，寒雀纤瘦，令人过目难忘。

引起我格外注意的是一幅《吴昌硕〈玉兰图〉》，吴昌硕是海派大师，他笔下的玉兰别样清雅，对这样的经典之作进行再度创作是需要艺术勇气的。而我站在这幅作品面前，似乎能感受到缂丝在一梭一拨间诉说着远去的故事。说实话，如此臻真的匠心深深地打动了我。

展厅门口，陈列着一座旧式的缂丝织机。

主框架、脚踏棒、前后轴、竹筘、机头，这一个个部件，如果不认真对照墙面上的简介，我肯定会看得一头雾水。当然，如果没有工作人员的耐心介绍，我可能连基本原理也弄不清楚。工作人员很是热情，讲解完毕，还简单示范，我才算基本明白了织机原理：通过来回脚踏，使经面上下分开，再用舟形梭子在上下经面之间来回，才有"通经断纬"的缂丝品。

2

展厅里的缂丝作品，出自蔡霞明之手。

我决定去拜访她。

我跟她早就在相同的微信群里了，而且不止一个：吴中百匠赋能工作群、东吴文化人才工作群等。我徒有虚名，忝列其间。我当时的想法是，一方面讨教几个缂丝的历史问题，另一方面请她尽可能完整地演示一下工艺流程。但不知为什么，这件事却拖了下来。从2019年到2023年，四年时间里不知自己每天在瞎忙什么，反正，本来用一个上午或者下午就能搞定的事，就这样一拖再拖。2023年秋天，终于和她约好了见面地点：苏豪文创园。她的工作室就在里面。见面，稍寒暄，直切主题，缓慢的交谈中关于她的缂丝往事徐徐浮现——

1989年，蔡霞明21岁，正是如花似玉的年龄，她入职苏州长桥缂丝厂——厂子的名字被冠以"苏州"字样，实际上只是一个乡镇企业。她最初的工作是司机，后来被推荐到技术岗位，师从前辈莫忠瑛、李才福学习缂丝技艺。两年下来，她熟练掌握了戗色、拼色技巧，加上从小跟着父亲学绘画，对色彩尤为敏感，她的作品总能胜人一筹。四年后，也就是1993年，她被提拔为质检科科长，并成为日方指定的生产技术指导和成品检验者。1997年，企业改制，蔡霞明没有逃脱下岗的命运。她开起了小饭馆，偶遇生命中的贵人，对方认可她的技艺，延请她担任鹏程工艺服饰有限公司的生产厂长，负责图案、配色及生产技术管理。再后来，她去外地创业，终因孩子的成长和教育问题重返苏州。2008年，在全球经济极不景气的这一年，她创办了蔡氏织绣庄，为了养活缂丝工人，她甚至做起了刺绣生意。直到2018年，她终于有了自己的工作室。

——这大抵就是蔡霞明的缂丝往事。

她最令人感动的地方有二。一是坚持创新，把"经验是艺术的天敌"的理念贯穿落实到一梭一拨之间。以她的缂丝地屏《释迦牟尼》为例，既驾轻就熟地运用了勾、结、盘素、平缂、搭素、饻色等缂丝的普通技法，又在颜色搭配上运用了劈丝、多色拼线法，还综合了刺绣的多种拼色及飘丝方法，将佛陀的神韵表现得生动形象。二是她试图将曲高和寡的缂丝带入当代人的寻常生活当中，这样的艺术理想值得尊敬。在她的工作室，我见到不少缂丝的衍生品，比如手包、挂坠、钱包。显然，这样的尝试在推动着缂丝更深入地走进当代人的日常生活。

任何一门技艺，都得跟日常生活接壤。

唯其如此，古老的技艺才会在漫长的时光之河里熠熠生辉。

3

要探究这门技艺，还得从"缂"字说起。

在那本洋洋洒洒的《玉篇》里，就有"缂"字的解释："织纬也。"这也就是说，织法无数，缂为其一。那它与别的织法又有何不同呢？如果从纺织工艺学的角度讲，就是以小梭根据纹样变换纬向的彩色丝线，最后织品只露纬线不露经线，也就是典籍里常常说到的"通经断纬"。如此织就的织品，倘若对着光，就能看到留在纹样色彩边缘的空隙——如同在丝面上刻出图案，缂丝因此也有"刻丝"之称，宋书《鸡肋篇》里是这样描述的："承空视之，如雕镂之象。"

缂丝，也就被誉为"刀刻的丝绸"。

多么形象生动的比喻啊，一语道尽天机。

缂丝之史，则要追溯到远古时代。据日本学者藤井守一先生研究考证，中国的缂丝织物远在彩陶土器时期（公元前2500年左右）就已存在，到了商代，织作水平已经精良——遗憾的是，这些都只停留在典籍记录里，并无实物佐证。不过，后来在新疆楼兰古城汉代遗址中出土的兼具中西风格的缂丝毛织品，证明了最初的缂丝是从缂毛渐渐变化而成的，这就和缂丝源起于古埃及和西亚地区的研究成果有了一脉相承的呼应，并形成完整的链条。回望历史，缂丝技术从遥远的埃及和两河流域，经由丝绸之路传到中国的轨迹也是很清晰的，但从出土的传世实物来看，基本出现于唐代的西北地区——现存最早的缂丝织品就是出土于新疆章雄夫妇墓的一条腰带。为什么是唐代呢？这也应了天时地利人和的那句老话。如果说汉代以降输入中国的缂毛技术是缂丝技术的先决条件，那么，唐代的政治繁荣、经济稳定以及外来文化的广泛传播则为缂丝注入了新的活力。与此同时，佛教的兴盛在某种程度上也成为缂丝兴盛的助推器。

宋代以降，缂丝技艺开始向中原和江南一带流传，这既是政治经济中心南移的结果，也是中国南方手工业、文化艺术相对繁荣的水到渠成——在这个过程中出现了一个很有意思的变化，那就是缂丝渐渐跳脱出日用饰品、服饰的窠臼，转向欣赏性艺术品的制作，尤其跟书画艺术紧密结合，不能不说是一次质的飞跃。

4

　　明清时期，不知是历史选择了苏州，还是苏州选择了缂丝，苏州成为全国缂丝的生产中心已是一个不争的事实。然而，谁又会想到，及至清末，随着国势衰弱，对缂丝工艺品的需求不断减少，加之大规模的战乱，缂丝业举步维艰。20世纪20年代，缂丝在苏州经历了一段极为艰难的时期！

　　彼时，丝织手艺极其繁盛的苏州北郊也荣光不再，仅有一百余位缂丝艺人。当时，流传着这样一支顺口溜：

　　　　　　一只梭子两头尖，

　　　　　　缂丝艺人叫苦怜。

　　　　　　起早做到黄昏里，

　　　　　　饭米无着如油煎。

　　缂丝艺人的生活如此窘迫，令人悲伤。

好在新中国成立后，在"百花齐放，推陈出新"的方针指引下，百废待兴的苏作工艺重获新生，缂丝业也如枯木逢春。一批老专家纷纷深入民间拜访老艺人，开展一系列抢救性保护工作，除了建立苏州缂丝厂、吴县东山缂丝厂之外，还在蠡口、黄桥、陆慕三地建立缂丝厂，从而形成苏州五大缂丝厂的格局。一座座缂丝厂的兴建，汇聚了一大批民间艺人，让濒临消失的缂丝手艺得以延续。不仅如此，苏州市文联还成立了刺绣生产小组——苏州刺绣研究所的前身。沈金水、王茂仙等前辈纷纷加入，招收青年学徒，先后创作了《玉兰黄鹂》《牡丹双鸽》《博古图》和《双鹅梅竹》等一系列优秀的作品。

　　20世纪80年代，苏州缂丝生产空前繁盛。"村村有工厂，家家有机台"，这是一位年迈的长者在给我复述黄桥缂丝盛况时不断重复的一句话。

　　我至今还记得他脸上泛起的淡淡荣光。

5

　　1956年加入学徒行列的王金山，是苏州缂丝当代史上一个承前启后的人物。

他拜沈金水为师，精研理论，苦练技艺，对宋、元、明、清历代缂丝艺术颇有研究，自有心得。他独立创作的第一幅作品——以宋代名画为蓝本的《白头翁竹雀》——就让他一夜成名。但这只是一个开始，几年后他应故宫博物院邀请，进京复制宋代缂丝作品。在故宫的三年多时间里，他日夜研习，先后复制出沈子蕃的《梅鹊》《青碧山水》和朱克柔的《牡丹》《蝴蝶山茶》等作品，让人难辨真假，甚至能"以假乱真"，受到专家的高度赞扬。

2022年，先生仙逝，苏州博物馆举办了一场专题作品展。

我也特意去展厅一睹大师作品，谁承想，他的作品给我打通了一条回望之路——顺着它，我从缂丝的历史里、册页里，看到了一代代苏州工匠孜孜以求的身影。早在南宋，缂丝艺人沈子蕃的作品就以书画为粉本，设色高雅，生动传神，令人叹为观止。他的传世之作只有五件，台北故宫博物院三件，北京故宫博物院两件，题材不外乎山水和花鸟，但一个优秀的缂丝艺人的匠心毕现无遗。在一册资料里，我见到了他的《桃花双鸟立轴》：桃花叶瓣栩栩如生，以墨填笔的双鸟后背，轮廓反而更加清晰。他将中国的水墨精神巧妙地融入祝寿题材，另辟蹊径，实属难得。

而明代的吴圻，仅存一幅《沈周蟠桃仙轴》。

典籍里语焉不详的吴圻，就像唐代诗人张继只用一首《枫桥夜泊》就名垂诗坛一样，他的《沈周蟠桃仙轴》，《石渠宝笈续编》里就有记载："吴圻缂丝沈周蟠桃仙一轴，本幅纵四尺七寸，横一尺七寸。缂丝画桃下仙人。摹款：囊中九转丹成，掌内千年桃熟。蓬莱昨夜醉如泥，白云扶向山中宿。沈周。"本来我就一直偏爱沈周的画，这幅缂丝之作完美体现了沈周原作的神韵，自然让我流连。桃花下的仙人，轮廓清晰，设色简洁，流畅的线条间透着不事雕琢的美感。最让人念念不忘的还有"吴门吴圻制"五字落款，古拙之气扑面而来。

此作现藏于台北故宫博物院。

2020年的春天，我在吴中博物馆"乾隆下江南"的特展大厅，见到了一件乾隆皇帝的缂丝朝袍，圆领，大襟右衽，马蹄袖，上衣下裳式，附披肩，裾左开。朝袍是清代皇帝礼服之一，乾隆的这一件用了二至三色间晕的装饰方法，加上在明黄色底上缂织了彩云金龙纹、十二章纹、海水江崖纹等图案，隔着橱窗也能真切地感受到庄重与威严。

顺治三年（1646），苏州重建织造局。督造丝织品的陈有明管理有方，丝织生产恢复了昔日荣光，他们开始为遥远的宫廷源源不断地提供缂丝龙袍。毫无疑问，这件朝袍就是苏州织造局无数贡品中的一件。

6

中华锦绣，衣裳天下。

锦绣，这个常常用来形容祖国山河大地的词语，在纺织学的意义里却是一个庞杂无比的大集体，包括了纱、绡、纨、缟、缣、绮、缦、绨、锦以及刺绣。简单说：锦者，以天机抛梭织出；绣者，以神针引线铺就。而缂丝，因成功改变了锦织正面纹样清晰规矩、背面一根根通梭浮纬，图案杂乱且织物厚重的审美缺憾，从而成为尤为珍贵的锦绣之物。

妇人一衣，终岁方就。

这是典籍里对缂丝的叙述。

是的，缂丝是一门缓慢的手艺，这才有了"一寸缂丝一寸金"的说法。这不是夸张，也不是虚晃一枪，而是不争的事实。完成一件缂丝作品，要更换数以万计的梭子，费时之长，可想而知。也正因为有了时间的包浆，缂丝和流水线上出来的产品有着本质的不同，缂丝织品是柔软的，有人的体温、呼吸与心跳。当然，工艺之难，也是机器无法取代的一个原因。在蔡霞明工作室，她讲到动情处，不禁感叹，就算是技艺娴熟，整整一天也只能织出一小段，要是遇到图案繁复、花色细腻的画稿，最多也就几厘米！如此慢的工艺真让人叹为观止。

大体而言，一件缂丝作品有以下几道工序：套筘、嵌前后经轴、打翻、揽经面、画稿、配线、摇线装梭、经纬制作、修整和装裱。而与之相关联的专业术语就不胜枚举：落经线、牵经线、套筘、弯结、嵌后轴经、拖经面、嵌前轴经、捎经面、挑交、打翻头、箸踏脚棒、扪经面、画样、配色线、摇线、修毛头。至于它的技法，无论是结、掼、勾、戗等基本技术，还是盘梭、削梭、木梳戗等高难度技术，在流逝的时间长河里都是传统手艺的经典场景。如此独特、如此别致的手艺，在古老的蚕桑丝织技艺里也是绝无仅有的。

应该说，这也是2009年苏州缂丝作为中国蚕桑丝织技艺的重要组成部分，列入第四批人类非物质文化遗产代表作名录的理由之一吧。

这也是我一时冲动参加"拂梭千年"体验课的理由之一。

一个大男人参加这样的体验活动，是有点难为情的，但细一想，又有什么呢。主办方是吴中博物馆，授课者是马惠娟女士，一个温婉的土生土长的苏州女人。她不仅以江苏省苏州缂丝织造技艺非遗项目传承人的身份参加过央视《国家宝藏》节目的录制，还是研究员级的高级工艺美术师。最让我倾心的是曾在一份资料上见到的她的《云龙图》，开创了缂丝以泼墨写意画稿为题材的先河。

她学习缂丝的时间，要追溯到1972年。

这一年，中日邦交正常化后，缂丝品外销需求猛增。吴县工艺美术研究所成立了缂丝车间，特聘陈阿多、沈根娣等名师以一带一的方式带徒授艺，马惠娟就是当时精挑细选出来的学徒之一。从那时开始，到现在已经整整五十年的时间了，但对马惠娟来说，就像是弹指一挥间。体验课的时间不长，分两部分，先是基础理论的讲解，再是技法体验。就是这一次，我，一个笨手笨脚的西北男人坐在缂丝机前，虽然无法精准体会到"通经断纬"的神奇魅力，但至少对这个词有了更直观的感受。

这一次，我也认识了马惠娟的儿子肖锋。

在他的童年记忆里，最难忘的场景是吴县缂丝厂的厂房和车间。他在这里耳濡目染，对缂丝也有了兴趣，但直到2005年才正式拜母亲为师，学习缂丝技艺。快二十年的时间过去了，他一直为缂丝文化的传播不停奔走，作品也屡屡获奖。

这样的口传心授，或许能让技艺走得更远。

7

2019年11月，我在《姑苏晚报》上读到一则有关缂丝的消息。大致内容是在刚刚结束的上海国际乐器展上，华语流行音乐重量级人物李宗盛创办的手工吉他品牌"李吉他"最新系列"破茧"正式亮相——最大的亮点是吉他上首次采用苏州缂丝，与木材、环保涂料完美融合。

"李吉他"上的缂丝，来自苏州祯彩堂。

祯彩堂，在古色古香的平江路。

移居苏州有些年头了，不知去过多少次平江路，陪家乡的亲友去逛古街、听评弹，但从未留意到这里竟然藏着一家颇有艺术色彩的祯彩堂。这则新闻让我对它有了关注。

2001年，一个叫陈文的女子在这里创办了缂丝品牌"祯彩堂"，并成立网站，借助网络传播缂丝艺术。第二年，李宗盛在祯彩堂的网站上看到精美绝伦的苏州缂丝后专程实地考察——吉他与缂丝的故事由此启开大幕。当然，这也不是苏州缂丝的首次跨界。

陈文，这个看起来很文静的女子，为了让缂丝从高高在上的庙堂、博物馆走向人们的日常生活，一直在努力探索着缂丝与当代日常生活的融合。她和苏州籍的画家合作，和苏州博物馆合作，领域也从屏风、家居饰品扩展到包袋、首饰，她不断拓土开疆，路子越走越宽。也许，这就是祯彩堂堂主陈文的理想与野心。据说，某一年的"双十一"，陈文与飞利浦合作的"远山系列"非遗定制缂丝插座，在淘宝网上赢得一片赞许。

陈文现在还有一个身份：苏州工艺美术协会秘书长。她的理想和缂丝艺人蔡霞明的如出一辙，都是想让缂丝这只古老的

"堂前燕"飞入"寻常百姓家"。

也许，这才是时代的最美注脚。

2022年12月10日初稿

宋朝的宋，锦绣的锦

1

晋平公使叔向聘吴，吴人拭舟以逆之，左五百人，
右五百人，有绣衣而豹裘者，有锦衣而狐裘者，叔向归以
告平公。平公曰："吴其亡乎。"

这是西汉《说苑》里的一段记载。

吴者，今之苏州也。

也就是说，2000多年前苏州就有了织锦产品。中国是丝绸
的故乡，在漫长的历史之河里，经过不断丰富和完善，数得出名
字的就有绫、罗、绸、缎、锦、纱、绡、绢、绉、绮、纺、绒、葛、
呢。在种类如此丰富的丝绸制品当中，要数"锦"（亦称织锦）
的结构最为复杂、花色最为丰富、工艺最为精湛，价格也最为昂
贵。因其华贵，古代也有"织采为文，其价如金"之说。

作为丝绸的一种，锦的历史要上溯到西周时期。

公元前11世纪就出现了比较简单的锦。辽宁早期西周墓出土的锦的残片，经线是多色的，由经线显花，故称"经锦"。而且，在先秦史籍中也能见到"贝锦""束锦""衣锦""美锦""玉锦"等名称的记载，《诗经·小雅·巷伯》里也有"萋兮斐兮，成是贝锦"的句子。据郑《笺》"贝锦"："犹女工集采色以成锦文也。"从最初简单的经锦开始，数千年来随着工艺的不断进步，织锦的织物结构和图案风格都在发生变化，因而有了最早的楚锦以及后来的汉锦、唐锦、宋锦、元锦和明锦。

——它们之间互有联系，又相继发展、自成体系，汇成一条织锦的浩荡大河。

2

如果说织锦是一条流动的长河，那么，宋锦就是最打动人心的一朵浪花。

不过，宋锦是在蜀锦的基础上发展起来的。

南朝宋郡守山谦之从蜀地引进织锦工匠，在丹阳（与南朝刘宋都城南京相邻）建立官府织锦作坊，使蜀锦技艺得以传到江南。五代时吴越王钱镠在杭州设立手工业作坊，网罗了300余位技艺高超的织锦工。到了北宋初年，都城汴京设立"绫锦院"，集织机400余架，并让众多技艺高超的川蜀锦工充当骨干。最为关键的是，南宋迁都杭州之后，在苏州设立宋锦织造署，将成都的蜀锦织工、机器一并迁来，丝织业的重心基本完成了转移。也是在这一时期，江南的丝织业进入全盛时期，苏州出现了一种非常细薄的织锦新品种，是书画装裱的理想材料。南宋时，苏州成立作院，这时在苏州织锦中又出现了一种质地精美、技艺独特的新品种——苏州宋锦，除用于袍服衣物之外，还大量用于书画卷轴的装裱，品种有40多种。

这，就是后来被固定下名字的宋锦。

宋锦凌空而来，为什么出现在苏州，又为什么出现在宋代，这绝非偶然。先说第一个问题。宋室南迁，经济重心南移，京杭大运河的开通也让苏州成为富庶之地。彼时的苏州偏安一隅，织锦作为一种奢侈品应运而生。然而，当时宋高宗仓皇南逃，时局的突变让他带来了大量没来得及装裱的书画。而当时的苏州是锦绣之乡、绫罗之地，锦缎色泽华丽、图案精致、质地柔韧，符合书画典雅的个性。于是，官府在这里设立宋锦织造署，专门生产用于宫廷书画的装裱锦缎。

至于之所以在宋代出现，首先是织锦技艺的发展规律决定的。宋代是典型的崇文社会，统治阶级追求精致典雅的生活，即使被金国的铁骑逼得国破家亡偏安长江以南，琴棋书画的雅好也未曾丢弃，文人士子们在风雨飘摇的王朝里对书画的喜欢也是一如既往。锦缎用于书画装裱，自然也充当了书画绝佳的保护伞，得以跟名贵书画一起流传于世。

所以，如果更直白地说，所谓宋锦，其实就是以宋式风格存留于世的织锦。因此，当我们面对明清时期那些依据宋代风格所织成的"仿古宋锦"或"宋式锦"，并把它们称为"宋锦"的时候，宋锦更像是一种历史的隐喻。

长达三百余年的大宋王朝，就是宋锦的暗花和底色！

3

如果说成为唐高祖、太宗时期标准织锦样式的蜀锦是中国织锦的第一座里程碑，那么，工艺由传统过渡到现代的宋锦就是当之无愧的第二座里程碑。

这不得不提到一个有意思的现象：宋锦以宋命名，为什么偏偏兴盛于明清！

苏州自古繁华，既是文人骚客聚集之地，又是丝绸的主要产地，两者相遇的最终结果就是文人主动参与到丝绸的设计和加工当中，就像苏州的园林因文人的介入而成为独步江南的文人园林一样，宋锦也因此而更加嫣然有致。明清两代，南京设立江宁织造府，主抓云锦织造，而苏州设立的苏州织造府主倡宋锦织造。虽然都是官方织造，但人文环境的差异让它们呈现出的气质迥然有别——如果说金陵王气成就了云锦的富贵厚重，那么，姑苏的书卷气滋养了宋锦的典雅。

宋代文献中谈到过织锦纹样，但因出土和传世宋锦很少，如今难得见到。而在明清锦绫中则有大量纹样，只是它们的风格已在隋唐织锦纹样的基础上融入了写生的手法，形成了既写实又颇具装饰味的独特风格，这种装饰风格一直传承到现代。明代董其昌在《筠轩清秘录》中就谈道："宋之锦样，则有刻丝作楼阁者、刻丝作龙水者、刻丝作百花攒龙者、刻丝作龙凤者、紫金阶地者、紫大花者……"

在织锦漫长的发展之河中，宋锦逐渐形成了用途不同、风格各异的三大类,即大锦、合锦、小锦。大锦包括全真丝宋锦、交织宋锦、真丝古锦、仿古宋锦等品种,常用于装裱名贵书画和装潢高级礼品盒。合锦常用于装裱一般书画的立轴、屏条等。而包括月华锦、万字锦和水浪锦三种在内的小锦,一般用于装潢小件工艺品的包装盒。传统宋锦的制作工序特别复杂,从缫丝染色到织成产品前后要经过二十多道工序,其特点是采用了经线和纬线联合显花的组织结构,应用了彩抛换色的独特技艺,使织物表面色线和组织层次更为丰富。这一技艺后来为云锦所吸收并被广泛应用到当代的织锦技艺当中。正因为这一点,宋锦成为中国丝绸传统技艺杰出的代表作。

苏州宋锦有"锦绣之冠"的美誉,与南京云锦、成都蜀锦并列为中国"三大名锦"。当然,还有一种说法,就是加上广西壮锦之后合称"四大名锦"。无论是三大锦还是四大锦,它们确实各有千秋。譬如说,蜀锦深得百姓喜爱,最有人气;云锦受宠于达官贵人,贵气最重;而宋锦中流透出来的那份雅致最抚人心。

这样的气息也决定了宋锦不必像云锦那样亮丽夺目,而是自有一种高雅。

4

世事诡谲多变。

织锦兴盛过，也凋蔽过。

明末清初，兵燹频发，宋锦图案一度失传。庆幸的是，康熙年间有人从泰兴季氏处购得宋裱《淳化阁帖》十帙，揭取其上宋裱织锦22种，转售予苏州机房模取花样，并改进其工艺组织重新生产，遂使失传多年的宋锦又在苏州得以恢复生产。

然而，1911年，当云锦因为清王朝的灭亡失去政府买单而一蹶不振，宋锦的没落也变得顺理成章。洋务运动后，西方纺织机械在流水线生产的纺织品大量涌入，让宋锦遭遇了前所未有的威胁和挑战。曾经"东北半城，万户机声"的苏州城失去了昔日繁华。据史料记载，新中国成立前夕，苏州全市的宋锦作坊仅有严斌记、陆万昌、包连夫等17户，木机数量也就区区36台。新中国成立后，宋锦在奢侈品之列，不符合当时倡导节俭的国情，宋锦织造业也是举步维艰，全国从事宋锦生产的厂家只剩下苏州宋锦厂一家。

这是多么让人唏嘘不已的一个事实。

应该说，1995年是宋锦的转折之年。

这一年，苏州成立中国丝绸织绣文物复制中心，对传统丝绸的织染工艺和古代织锦进行深入研究、复制，为宋锦的抢救与保护创造了条件。2006年5月，宋锦织造技艺经国务院批准列入第一批国家级非物质文化遗产代表作名录。

5

该说说钱小萍了。

她是一个把一生都奉献给丝绸的人。

20世纪60年代，宋锦生产日薄西山。1966年，苏州丝绸学院毕业的她，和花样设计专家胡芸两人被派往苏州宋锦织物厂做调查和设计。为了能将宋锦技艺保护和传承下来，一到厂里，她就四处收集宋锦纹样。收集纹样，是保护宋锦的第一步。更重要的是，只有看见历史上的宋锦纹样，才能分析每个纹样的演变以及丝织工艺——读懂了工艺，才能使失传的纹样复活。然而，几十年来随着宋锦厂的不断倒闭，好多宋锦纹样失传，仅存的几家作坊虽有出品，但也局限于低端纹样。

彼时，高端的宋锦纹样几近绝迹！

2006年的一天，钱小萍路过苏州古城区一家古董店，在店铺最不起眼的角落遇见了一匹织锦残片。看到残片，她激动得几乎要跳起来了。那是一匹菱格四合如意宋锦残片，这也正是她苦苦寻觅的高端宋锦纹样。于是，她冒昧地提出了一个很"过分"的想法：借走！没想到店主李品德先生想也不想就爽快地答应了。店主的做法，一如其名，真是有品有德。几年后，钱小萍再次出现在这家古董店。与上次偶遇不同的是，这次她带来一新一旧两匹菱格四合如意宋锦——旧的，物归原主；新的，复制而出，权作礼物送给李品德，以表谢意。就这样，菱格四合如意宋锦复制成功的消息不胫而走，各大博物馆也纷纷给钱小萍送来镇馆的宋锦藏品，以期复原。于是，球路龙纹锦、黄地宝相八达晕锦、花卉盘绦纹锦等一大批珍稀宋锦纹样和文物都被钱小萍复制出来。

这则颇有传奇色彩的故事我是从杂志上读来的，她执着于宋锦的精神令人感动。每一家苏州的宋锦作坊，都靠独特的纹样得以安身立命。因此，苏州宋锦产生了大量不同的纹样，即使像钱小萍这样的宋锦专家也有很多纹样没有见过。所以，每次碰到新的纹样，钱小萍都会小心翼翼地收集一小块存档。据说，在苏州丝绸博物馆，钱小萍收藏的档案本有十几本，宋锦纹样达几百种。这些档案本就是中国宋锦的基因库，是宋锦研究最重要的文献资料，更是宋锦复兴的实物支撑。除此之外，钱小萍还著书立说，主编的《丝绸织染》一书里就有一章《宋锦》是她亲自编写的；她还曾编著过"苏州宋锦"的专辑，详细分析和记载了宋锦工艺技术和结构，以传于人。钱小萍致力于研究挖掘、传承和弘扬宋锦技艺，创制了不少宋锦的复制品和仿制品，开发出了多种新型宋锦工艺品和实用品，并联合多家企业，推出相关宋锦产品，以期为宋锦的重振做出更大的贡献。2007年，钱小萍被列入第一批国家级非物质文化遗产项目226名代表性传承人名单，这也是对她的一份回报吧。

后来，我在2023年第4期《苏州杂志》上读到了作家葛芳跟钱小萍的一个访谈，才知道她16岁就到浒墅关的苏州蚕桑学校读书，学的就是丝织专业，也是新中国成立后第一批丝织专业的学生。她的一生，从花季开始，就奉献给了中国的丝织业。我不忍心、也不敢托人去采访叨扰这位80多岁的老人，只想祝她身体健康，安享晚年。

6

苏州，是一座"很博物馆"的城市。

已是"百馆之城"的苏州，正在向博物馆之城不断迭代升级。据说，如果三天逛一个博物馆，要花一年时间才能逛完苏州的博物馆——就在我修订这本书稿时，太湖博物馆也在吴中举行了揭牌仪式。苏州丝绸博物馆就在人民路上。站在博物馆的门口，能远远看到高高耸立的北寺塔。博物馆的墙体外立面由白色大理石贴成，一道道紧密的横纹和稀疏的竖纹，远远看去就像一匹巨大的绸缎。

苏州丝绸博物馆，就像是钱小萍一手拉扯大的一个女儿。

从1981年呼吁建设到1989年正式落成，再到后来的新馆落成，丝博凝聚了钱小萍无数的心血。我去过为数不多的几次，人虽不多，但总有一些体验活动在有条不紊地举办。展示馆里有一架纯手工的宋锦手工花楼织机，是钱小萍开始研究宋锦后复原出来的，现在基本上已经没有厂家会生产这样的机器了——如果生产宋锦织机的人都没有了，手工宋锦的生产也就无从谈起。虽然这织机无比珍贵，但钱小萍仍然坚持让它每天进行保护性生产。当然,它的目的不仅仅是生产宋锦,而是为到达博物馆的人尽可能地活态展示宋锦的生产工艺。这样的普及与宣传,要比在橱窗里冷冰冰地展示宋锦织物更能让人获得强烈而新鲜的视觉触动。

有一次,我路过丝博,就拐进去了。馆里恰好在举办一个体验活动,钱小萍正给十余位国际友人展示宋锦的工艺流程。她的身后,一面巨大的墙上面是一排密密麻麻的标示卡,清楚地标出了清代苏州丝绸的品类:绒纱、秋绢、广缎、八丝、绫机绸、锦……在时间的长河里,众多的丝绸种类如同历史上的动物植物物种一样,无时无刻不在消亡,当然,也在迎接着新的诞生。

这也是万物不变的法则。

从博物馆后门出来,穿过一个别致的水榭,迎面就是钱小萍宋锦织造技能大师工作室。

7

前不久,我在报纸上读到了一则新闻:世界上首台按照宋锦传统工艺织造原理设计的电子提花机在苏州吴江问世，研发者是苏州上久楷丝绸科技文化有限公司。新闻还说，该公司成功创设中国唯一的"宋锦产品开发应用基地"，将宋锦应用于箱包、围巾、家纺、家装家居、高级定制等多种生活场景。

第一次听闻上久楷，还是在八年前。

2014年11月，在北京雁栖湖召开的APEC峰会晚宴上，参加会议的领导人们及配偶身着中国特色服装抵达现场，统一亮相，一起拍摄"全家福"。他们身着的"新中装"的宋锦面料，即由上久楷量身定制。上久楷的历史，要追溯到清光绪十五年（1889）的苏州上九坎绸缎庄，这是当时皇室的御用宋锦织造商。而现在的上久楷是专门从事宋锦抢救性开发的一家实业公司，因其精湛时尚的设计制作而常常出现在国礼名单上，成为中国丝绸文化经典的实业代表之一。

2023年初秋，我慕名寻访了公司精心打造的丝绸文化产业园，领略了古老技艺与数字化碰撞后的真切场景。在这个以宋锦为主题，集科普教育、创意产业、生态休闲、旅游购物等于一体的产业园，我既看到了江南水乡的温婉与风雅，也读懂了宋锦的历史与未来。

是啊,宋锦的未来,既在赓续与传承,亦在科技时代的无限创新之中。

2023年6月6日初稿
2023年9月12日二稿

别样端午

1

恕我孤陋寡闻，如果没有移居苏州，真的不知道这里的端午节纪念的竟然是伍子胥！

在苏州，伍子胥是一个传奇人物。

他本为楚人，因父兄为楚平王所杀，逃奔吴国，协助阖闾夺取吴王之位，并率军伐楚，五入楚都郢城——既报了家仇私恨，又为吴国开拓疆土立下赫赫战功。吴王阖闾死后，其子夫差继位。夫椒之战越国大败，越王勾践请和，夫差草草答应。而忠心耿耿的伍子胥建议彻底消灭越国，可惜夫差不但不听，反而宠信越女西施，加上太宰伯嚭受越国贿赂后从中挑拨，谗言陷害伍子胥——最终，夫差赐伍子胥宝剑自刎。伍子胥视死如归，临死时也放下了狠话："我死后，请把我的眼睛挖出来挂在城门上，我要亲眼看着越军入城灭吴。"说毕，伍子胥自刎而死。昏庸无道的夫差还不罢休，又下令将伍子胥的尸体裹入皮革，投入滔滔胥江。

这就是伍子胥悲情的一生。

相传，伍子胥尸体投江的这一天，恰好是农历五月初五。吴地百姓怜其不幸遭遇，不仅立祠于江边，还奉其为涛神——莫非，取的是怒火成涛的意思？但别有意味的是，在漫漫历史长河里，有据可查的最早发起纪念伍子胥的人就是越王勾践。据《荆楚岁时记》记载，正是在越王勾践的倡议下，越地人民在这一天以龙舟竞渡来表达对伍子胥的哀悼和敬意，且以国家的意志固定下来，这便是越地端午节的由来——倘若以时间来推算的话，这一事件要早于战国末期诗人屈原投江，也就是说，在端午节纪念的人物谱系里，伍子胥要早于屈原。

历史的迷雾过于深重，越王勾践为什么这样做？

我不得而知。

历史学家对此也是说法纷披，有消弭灾祸之说，也有抚慰臣民之说。但将伍子胥作为涛神祭祀，大抵就是此时发端于钱塘江畔，并渐渐盛行于整个吴越地区。也不难理解这种风俗的渐进，毕竟古时吴越风俗相近，正如《越绝书》所述："吴越为邻，同俗并土。"不过，对于以苏州为中心的吴地来说，这种民间的自发行为还有一个更充足的缘由，那就是伍子胥"相土尝水，象天法地"，负责筑造的阖闾大城是今日苏州古城的雏形——一座布局合理的城池，让他成为苏州古城史上一个无法绕过的关键人物。

这样的人，怎能不彪炳史册，又怎能不被后世时时惦念呢？

2

我是2015年迁居苏州的。

这些年，和苏州人谈起地方历史，他们私下里最感恩的历史人物似乎是张士诚。当年朱元璋大开杀戒，张士诚善待苏州人的恩泽口口相传，流芳百世，以至于苏州至今还有吃酒酿饼、烧"狗屎香"、"讲张"等与张士诚有关的习俗与词语。但除了张士诚，苏州人心心念的另一个人非伍子胥莫属。他们只要说起伍子胥，就像说起自己家的老祖宗，一脸自豪。在苏州民间，盛传着一句"子胥死、水仙生"，意思是说，浩渺太湖里赫赫有名的"水八仙"就是伍子胥化身而来的。有了如此深沉的情感支撑，自然也会留下不少有关伍子胥的遗迹。

盘门的伍相祠，就是专门纪念他的地方。

祠分东西两院，东院由厅堂、廊亭和花园组成，庭院内点缀着花木湖石；西院庄重肃穆，正殿三间为伍相祠，"气壮山河"的横匾下，彩塑的伍子胥像栩栩如生，令人肃然起敬。在伍相祠，有一块千年夹石，实际上是古时庙宇的旗杆石——典籍记载，古人在此做佛事，白天必在夹石中立杆挂幡旗，晚上则挂起长明灯，"凡入城者必敬礼之"。每一个人，倒不是为一块石头"礼之"，而是尊崇伍子胥的不朽功勋，当然，这份心意里也有着对他"忠而见谤，信而见疑"的惋惜。在苏州，有关伍子胥的遗迹不止这一处，还有胥口的胥王庙、胥门的伍子胥石雕，就连太湖之畔的古村落杨湾轩辕宫里也有一座胥王殿。这一个个以"胥"字命名的地方，印证了一座古城跟一个历史人物之间的秘密情感。

其实，何止苏州呢？

诗人陆游的《入蜀记》里有一句"大抵自荆以西，子胥庙甚多"的闲笔，字数寥寥，足见对伍子胥的祭祀早在南宋就已超出吴越范围，在荆楚以西以及安徽、闽广一带，子胥庙就像遍布村头镇尾的土地庙一样，随处可见。显然，在黎民百姓的心中，伍子胥就是一位能够庇护人间的大神。

3

苏州是典型的江南水乡，到处都是江、河、湖、荡，自古以来，荡龙舟是一项热度不减的民间活动。而龙舟之源，就跟伍子胥有关。据《事物原始》引《越地传》载："竞渡之事，起于越王勾践，今龙舟是也。"赵晔在《吴越春秋》里也作如是观，认为龙舟起于勾践，盖悯子胥之忠而作。也就是说，伍子胥为了社稷江山冒死劝谏吴王，拳拳忠心让对手越王勾践都心生悲悯，故以荡舟念之。

苏州的龙舟竞渡，最早源于胥门塘河。

其实，这就是清代诗人邵长蘅用"五月胥江怒，水嬉欢竞渡"之句咏叹过的胥江。《清嘉录》记载，苏州龙舟赛的奇特之处在于"日夜兼备"，"入夜，燃灯万盏，烛星吐丹，波月摇白，尤为奇观"，俗称"灯划龙船"。依《清嘉录》描述，每条龙舟四角都悬挂彩旗，中舱还有鼓吹手，两旁划桨的有十六人之多——俗称"划手"，而船头站立的篙师则名为"挡头篙"。这样的场景在蒲松龄的小说笔法里更加详尽："五月五日，吴越有斗龙舟之戏：刳木为龙，绘鳞甲，饰以金碧；上为雕甍朱槛，帆旌皆以锦绣。舟末为龙尾，高丈余，以布索引木板下垂。有童坐板上，颠倒滚跌，作诸巧剧。下临江水，险危欲坠。故其购是童也，先以金啖其父母，预调驯之，堕水而死，勿悔也。吴门则载美姬，较不同耳。"

——借此可见，清代的苏州，端午之日，龙舟竞渡可谓盛极一时。

即便在生活节奏越来越快的今天，赛龙舟也是苏州人端午节的一大乐事。无论是城西南的石湖，还是伍子胥当年为训练水军特意开凿的胥江，都会如期举办龙舟赛。赛前，也要举行祭龙、祭涛神等仪式，随后，条条龙舟开始角逐，热闹非凡的场景仿佛在还原着某一个历史上的精彩瞬间。

每一艘龙舟，何尝不是奔往历史深处的时间之箭呢。

4

和好多地方一样，包粽子也是苏州端午节的一门必修课。

宝历元年(825)三月,诗人白居易出任苏州刺史。这一年夏天,苏州粽子绝美的香甜给这位诗人刺史留下了深刻美好的印象。他在《和梦得夏至忆苏州呈卢宾客》一诗里满怀感慨地回忆:"忆在苏州日,常谙夏至筵。粽香筒竹嫩,炙脆子鹅鲜。"如今的苏州,端午吃粽子也是常规动作了。而大街小巷婆媳们围坐一起包粽子的壮观场景更令人叹为观止。我记忆最深的是在蠡墅老街偶遇的一位老妇人,她在临街的屋檐下包了整整一个下午的粽子。她的边上放着几个铝盆,盆里分别是糯米、肉末、赤豆以及枣子。她的动作极其熟练,裹粽子时用牙齿咬住一根稻草的一端,一只手握住用鲜嫩箬叶包裹成形的粽子,另一只手熟练地用稻草在粽子上绕几下,一只粽子,就妥妥地包好了。

　　我,只是一个陪她闲聊了一会的异乡人。

　　临离开时,她很客气,非要送我几只粽子,我的婉拒竟然让她有点小小的不开心。她的身后是一条有千年历史的老街,不远处就是涛声不绝滚滚而去的大运河。如此慈祥的老妇人,真让人喜欢。和她的偶遇,让我读懂了生活中缓慢的美学,让我看到了一个传统节日的到来让时光停顿下来的样子。甚至,我能闻到她家厨房清新扑鼻的粽香。

一个老苏州人，最难释怀的还是灰汤粽。

它自有独到之处：待粽子包好后，将蚕豆壳倒进火盆，烧成灰，冷却后取一小撮，用纱布包好扎紧，做成一个类似袋泡茶的"灰包"；然后，将粽子跟"灰包"投入锅中，注入清水，一起煮；几个小时后，有着独特香味的灰汤粽就可以出锅了。如此古法煮成的粽子，要算老苏州的味道，又糯又软。据科学人士分析，其理论依据是这样的：蚕豆壳灰的主要成分是碳酸钾，碳酸钾溶于水后呈强碱弱酸性，而糯米的主要成分是淀粉，碱性物质与淀粉发生化学反应后能破坏淀粉分子中的氢键，使得淀粉糊化黏度升高。

——民间智慧真让人佩服得五体投地。

然而，这样的工艺毕竟过于烦琐、费时，在快节奏的当下，有多少人会静下心来认真地做一只灰汤粽呢。不过，听说苏州老城的葑门横街，倒是每年都能买到正宗的灰汤粽。

值得一提的是，2023年春天，在苏州书法家费之雄先生的创意和倡导下，颇具文化情怀的某酒店开发了一款独具特色的"伍相粽"，计有乌米粽、抹茶绿豆粽、糯米白水粽、奥糟蛋黄大肉粽、黄米藤椒牛肉粽五种粽子，五种形状，五种味道，取的就是与"伍"谐音。

无论味道如何，一城子民纪念伍子胥的情谊令人动容。

5

人在异乡，我仍能想起少年时代在甘肃老家度过的端午节。

天麻麻亮，早早起床，攀到柳树上折下许多细细的柳条，再折成半圆的圈，挂在门楣上。被柳枝柳叶围起来的三个字"耕读第"和母亲提前做好的甜醅子，是我最美好最温暖的记忆。苏州，却和我的家乡不同，这一天要在门口悬挂艾草。艾草，这种古老又有诗意的植物在中国南方的民间，有辟邪的美意。新鲜的、沾着露珠的艾草带回来，老苏州人是要用一小块红纸包扎一下，然后挂在门口的。

他们还在家里挂钟馗像。

铁面虬髯、相貌奇异的钟馗，是中国民间传说里能驱除鬼怪、法力无边的神。早在唐宋，他就是千家万户门神队伍里的重要一员，而他的来历一直笼罩着一层神秘色彩。相传，唐玄宗某次巡游,忽染大病,用了好多御医的法子也不见好。一天夜里,他梦见一个穿着红衣服的小鬼正要偷走他的珍宝,突然出现一个戴着破帽子的大鬼,竟一口把小鬼吞到肚子里。唐玄宗问,来者何人,大鬼答曰:臣本终南山进士,名曰钟馗,因皇帝嫌我长相丑陋,没有录用,我一气之下就撞死在宫殿台阶上,之后一直从事捉鬼之事。

从梦中醒来的唐玄宗,病竟然好了。

于是,他让吴道子把梦中钟馗的形象画下来。唐玄宗本身就是一位狂热的道教信徒,有了皇权的加持,钟馗捉鬼之神的地位就被确立下来。但是,这些年,苏州悬挂钟馗像的人家,并不多见——就连乡下也不多见了。不过,这样的习俗在《清嘉录》里却叙述得言之凿凿:

堂中挂钟馗画图一月,以祛邪魅。

为什么只挂一个月呢?

不得而知。

但我想起了家乡的一种习俗:端午节给孩子们编织的五色

线手环——乡下叫"手手款"，六月初六要扔到房顶。传说，上天会把它们收集起来，搭桥，好让牛郎织女七夕相会。

6

旧时苏州，饮杯雄黄酒，端午才算过去了。

雄黄是一味中药，和于酒中，即成雄黄酒。《吴郡岁华纪丽》卷五里就这样记载：

> 今吴俗，午日多研雄黄末屑、蒲根和酒以饮，谓之雄
> 黄酒。又以余酒染小儿额、胸、手足心，云无蛇虺之患。
> 复洒余沥于门窗封冻壁间，以祛辟毒虫。

雄黄酒，只是苏州民间端午节吃的"五黄"之一，另外四样分别是黄鳝、黄鱼、黄瓜和咸蛋黄。后四样现在还能轻易得到，只是雄黄酒的制作技艺已经基本失传了——毕竟，雄黄酒不是将雄黄直接加入酒中那么简单潦草。我请教过几个土生土长的苏州人，他们打趣说，都什么年代了，早就改喝黄酒了。从雄黄

酒到黄酒，岁月如飞，多少往事尽付流水中。但是，一个老苏州人，喝喝黄酒，也是能喝出仪式感的——他们不忘把酒涂抹在儿孙的面颊或者耳鼻上，还有人会在额头上写一个"王"字。

这种"画额"习俗，也快要成为雪泥鸿爪了。

被"画额"的孩子，则必佩挂香囊。

这种在西北叫作荷包的香囊，还有一个极富古意的名字：佩帏。旧时苏州崇尚丽巧，所以绣制香囊是一项极为重要的女红。每年端午节前夕，闺阁女子、媳妇妯娌都要早早准备，好让自己的香囊以新奇取胜。常常，她们会在十二生肖、狮子、双鱼、花草等固定图案上附以珍禽瑞兽，而香囊的形状也是千奇百怪，长方形、正方形是最普通的，还有三角形、鸡心形、菱形、斗形、月牙形、扇面形，辅以花、草、虫、鸟，款式极为精美。

香囊中的香料名目繁多，有雄黄、艾叶、菖蒲、冰片、佩兰、苍术、甘松、白芷等。

7

江南谣曰：

端午节，天气热，

五毒醒，不安宁。

五毒者，蝎子、蛇、蜈蚣、蜘蛛和蟾蜍。

农历五月，草长莺飞的江南迎来了湿答答的梅雨季节，潮湿又温热的天气里，蚊虫经常出没。苏州人也把这个月叫"恶月"。这段时间，人身上容易生痱子、长疖，尤其是小孩子，免疫力差，更容易得病，于是，大人们以端午的名义，给他们穿戴五毒衣，寓意为避邪消灾——五毒衣，这名字听起来挺吓人的，其实，只是在杏黄色布料缝制的衣服上印制了蛇、蛤蟆、老虎、蜈蚣、壁虎罢了。现在是追求品牌的年代，五毒衣自然也遇式微之境。幸运的是，这些年，苏州有不少社区会在端午前组织一帮老苏州人缝制五毒衣，再分赠给小朋友们。社区的初心是美好的，是想让一种风俗绵延下去。一种风俗，沉潜于日常生活，才会有持久而旺盛的生命力。

尽管端午前后的苏州街巷，见不到一个身穿五毒衣快乐奔跑的孩子，但不得不承认，经过两千多年的传承与演变，苏州的端午节已经形成了与自然条件、日常生活、经济特征、文化底蕴相适应的风俗体系。无论是龙舟表演等大型市民体育综合活动、包粽子、吃端午饭的美食文化，还是展现苏州丝织文化的绣香囊，都是这个节日不可分割的一部分，并且深深地烙上了传统的印迹。

8

专门记录苏州风俗的《清嘉录》里，有一节写道：

> 土人采百草之可疗疾者，留以供药饵，俗称草头方。药市收癞蛤蟆，刺取其沫，谓之蟾酥，为修合丹丸之用，率以万计。人家小儿女之未痘者，以水畜养癞蛤蟆五个或七个，俟其吐沫，过午，取水煎汤浴之，令痘疮稀。

在苏州人眼里，端午节前后是一年中草木药性最强的时间。正因为有了"百草为药"的执念，苏州的端午节还有采百草的习俗。有一年，我在太湖边的东山古镇，邂逅了一位80多岁的老人。他回忆说，农历五月，南方的天气已经很热了，旧辰光里，老百姓为了防御疾病，都会遍踏山野采集药材。他一直记得这个细节：长辈们为了鼓励他，端午这一天，让他早早吃一只粽子，就跟随大人上山捉蜈蚣了。

他笑眯眯地说："以前啊，山上蜈蚣很多，每次都能抓一箩筐。"

后来，我在《吴郡岁华纪丽》里也找到了佐证之词：

> 今吴俗，亦于午日，采百草之可疗疾者……又收蜈蚣蛇虺，皆以备攻毒之用。

如果把时间溯回到西晋的话，文学家陆机（也是苏州人）的《要览》里，就已经出现了端午制药的细节："万岁蟾蜍……以五月五日取阴干，以其足画地，即流水，带之于身，能辟兵。"苏州旧俗里，确实有端午药浴之事，即在家里用中草药熬水，给孩子们和大人洗澡。可我问身边的苏州朋友，却都说这都是上辈人做的事了。

苏州是吴门医派的发源地，传统制药曾经极为兴盛。明末崇祯十五年（1642），苏州人吴有性完成的《温疫论》，是我国

第一部治疗传染病的专著。这两年，新冠病毒来袭，打乱了每个人、每座城市的日常与节奏，于是，吴有性和这本书被屡屡谈起。在他看来，瘟疫的传播途径主要有两条，一为"天受"，一为"传染"，而瘟疫是由于"四时不正之气"，感染"戾气"所致。古代的吴地，在端午节挂艾叶、洒雄黄、佩香囊，何尝不是为了抵御人间的戾气呢？

如此说来，苏州的端午节也隐约弥散着一股幽幽的中药之香。

9

端者，端正，人为天地之心，故端为始；午者，正中之意，一纵一横即为午。古老的汉语谱系里，"端""午"两字相连，则是中华民族一个重要的传统节日。但是，一方水土一方风俗，这一天，吴地纪念的是伍子胥，湖南纪念的是诗人屈原，山西纪念的是春秋时期晋国忠臣介子推，而浙江会稽纪念的又是曹娥。这些历史传说与地域风俗杂糅，成为端午节最为迷人的一部分。2009年，苏州端午习俗与湖北秭归屈原故里端午习俗、黄石西塞神舟会以及湖南汨罗江畔端午习俗打包而成的中国端午节，被联合国教科文组织批准列入人类非物质文化遗产代表作名录。作为中国首个入选世界非物质文化遗产的传统节日，中国端午节囊括三省四地，正是它内容驳杂、风俗殊异的真实体现。

尽管四地的端午习俗各有千秋，但寄寓生活吉祥如意的愿景却是共同的情感底色。

湖北黄石、秭归，还有湖南的端午习俗，我不敢妄加揣测，而苏州，在赓续端午习俗的同时，也无时无刻不在承继着伍子胥的精神内核。如果说喝雄黄酒、包粽子、赛龙舟这些风俗传达的是一种江南风情，那么，伍子胥实干创业的精神也正在被苏州这座城市发扬光大。日新月异、生机勃勃的苏州，无论是文明程度还是地区生产总值，都已经无法用一个地级市的标准去对照，所有这些都是求真务实的苏州人干出来的。这些年，我亲眼看到一个又一个外地人到了苏州就不想再离开了，这里既是创业的天堂，又是美丽的宜居之城，他们从天南海北而来，很快融入其中，又视其为故乡，像一滴水融入茫茫大海。

也许，这正是苏州的魅力之一。

我在苏州生活的这几年里，端午前后，一边吃着大肉粽，一边细数流年。偶尔，也会穿过人流熙攘的观前街，在同得兴吃一碗既鲜得掉眉毛又价格不菲的三虾面。吃毕，穿过曲曲折折的小巷，会遇到卖白兰花和栀子花的老妇人。

　　"阿要白兰花？"

　　老妇人的叫卖声，甜而糯软，很江南。

　　旧时苏州，女人喜欢买一朵白兰花，扣在自己的衣扣上。这种传统，至今还有，很是风雅。

2020年12月30日初稿

2021年6月14日定稿于天水，时值辛丑年端午节

碧螺春月令

圆圆，多朴素的一个名字。

她是2009年从杨湾嫁到双湾的。杨湾和双湾，是东山镇的行政村，下面还有自然村。圆圆现在住在双湾的涧桥村。涧桥一词很是清新，能让人想起古老的新涧亭和白居易"烟萝初合涧新开，闲上西亭日几回"的好句子。我跟圆圆的认识有些偶然，有一次受朋友所托，给她帮了点小忙，事成后圆圆非要约着吃饭，我婉辞不得，就在石湖边的一家饭店见面了，算是正式认识。此后，每年碧螺春上市，圆圆都会托朋友送来点自产的碧螺春。那次饭席上我们也互加了微信，朋友圈里的她，这段时间忙得一塌糊涂。

每次收到茶叶，我都对朋友说：一点小事，都几年了，难为情啊。

朋友回话：东山人么，就这样。

东山人的形象，立马在我心里更加高大。

东山，又名洞庭东山，是延伸于太湖中的一个半岛，三面环水，物产丰饶。2022年的春天，苏州的疫情此起彼伏。有一天，我心血来潮，给圆圆微信留言说，要不要我来帮你卖卖茶？她回我，好啊。其实，也就是一句玩笑话。数日已过，疫情控制住了，我想出门透透气，就去她家的茶园浪荡了大半天。后来，我突发奇想，决定以她家的茶园为"根据地"，观察碧螺春一年里的长势。现在，学着汪老先生《葡萄月令》的笔法，写写碧螺春的一年四季——也算是《碧螺春月令》。

一月，江南偶尔会落雪。去年就落了雪。落了雪的茶园更加寂静，更加美。别人踏雪寻梅，茶农的孩子雪天里到茶园里走走，也挺好。落了薄雪的太湖，茫茫无垠，真正的水天一色。茶树喜阴，这湿漉漉的空气最合适。偎着万顷碧色的太湖，碧螺春茶树的心里，高兴着呢。往小里说，是太湖水滋养了它；往大里说，太湖就是它一骑绝尘的绝对靠山。

二月，我总会抽空去茶园看看茶树的长势。

圆圆家的茶园有两大块，一块在山坞上，一块得从双湾码头坐自制的铁皮小船才能到达，算是滨湖低地。太湖的湖湾处，有不少这样的低地，是水稻种植区和水产养殖区。她家的茶园，是她公公和婆婆在侍弄——公公是1963年生人，有点南人北相，跟我很投缘；婆婆要稍小一两岁。这些年，山坞里的茶园我去得多了，所以就想去看看湖滨低地的茶园。在双湾码头，圆圆公公站在船头，手一摇，"突突突"几声响，船就发动了。去茶园的水路，也就十来分钟，但其美景和意趣却如桃花源。我越来越喜欢这块茶园，渐渐熟了，去的次数也多了，与他们相处得像老朋友似的。圆圆的老公开了一家外贸公司，经营得风生水起，平日爱喝些酒，偶尔，我们还能一起喝两杯。这个月，两位老人满怀希望，等茶树发芽，心里有期盼，也有忐忑。月底了，还要施一次肥，山浪人家叫"催芽肥"。山浪人家，是太湖边东山、西山人对自己的称谓，类似乡下人的意思，有那么一丁点儿的自卑。施肥得从茶行的上坡开沟，施的基本都是尿素，偶尔会有硫酸铵。

三月，采茶季到了，一个字——忙。

采茶季，圆圆总忙着发微信朋友圈、下单、打包、对接快递业务。圆圆说，这一个月的节奏，像是在打仗。好在这些年卖茶卖出了口碑，回头客越来越多，都会提前预订，茶炒好后直接邮寄，反而比以前简单了。有些客户住在城里，她偶尔会开车上门送货。月初，茶树上的芽小而嫩，极可爱。这个时候，只要有一场雨，茶芽就疯长开了。开始采茶，就要没日没夜地忙。早出晚归，是茶农最真实的写照，常常是凌晨一两点从家里出发，午饭在茶园吃，下午两三点才回来。每年茶叶开采的具体时间也不一样，有时早，有时会晚几天，纯粹是看天吃饭。而且，不同的品种采摘的时间也不同：苏州本地产的碧螺春茶树品种是群体小叶种，有线丝种、酱瓣头种、柳叶条种、楮叶种、鸠坑种、祁门种等，一般在清明节前三四天开采，但从外地引进的乌牛种还要更早一些。就算是同一个品种，因为光照、位置不同，采摘时间也不同。圆圆家的茶，湖滨低地的熟得早，采完了，山坞里的刚刚好。采茶也真是一门大学问。回了家，也闲不下来，要炒茶。拣茶的人，大多是雇来的，工资日结；而炒茶是门手艺活，只有自己炒才放心。但愿意学的年轻人越来越少了。

前些年，我还没有移居苏州，经一位朋友牵线，拜访了施跃文先生，地点就在他的东山茶业合作社。他是苏州有名的炒茶高手。我跟他交流了整整一个下午，也长了不少见识。听他讲述、看他示范，才懂得碧螺春的制法必须要做到"手不离茶、茶不离锅、揉中带炒、炒中有揉、炒揉结合"——这个包括了杀青、揉捻、搓团显毫、烘干四道工序的过程，是碧螺春茶从叶到茶完美蝶变的关键。

圆圆的公公曾告诉我，当地茶农有句顺口溜：

> 铜丝条，
>
> 螺旋形，
>
> 浑身毛，
>
> 一嫩三鲜自古少。

说的是检验碧螺春品质的标准。

如今我来苏州六七年了，竟然再没有见过施跃文先生——他现在已是碧螺春制作技艺的国家级非遗传承人。就在我写这篇文章的前两天，从万里之外的摩洛哥传来喜讯，联合国教科文组织正式批准中国传统制茶技艺及其相关习俗项目纳入人类非物质文化遗产代表作名录，这是中国的第43个非遗项目，也是苏州的第7个。其实，这是一个庞杂的系统项目，包含了15个省份的44个小项目，仅江苏就有苏州洞庭碧螺春制作技艺、南京雨花茶制作技艺和扬州富春茶点制作技艺入选。在我看来，那些寂寂无闻的炒茶人功不可没。这次入选非遗的中国传统制茶技艺及其相关习俗,涵盖了采茶、制茶、饮茶等各环节的传统制作工艺,以及过程中衍生的相关习俗。在这之中,传承人起到领头羊的作用,固然很重要,但普通茶农的作用也不可小觑。普通百姓与茶联系的日常生活,代代传承、生生不息至今,才组成了意蕴深长的中国茶文化。

当我在电话里告诉圆圆公公这个消息时,他说:

"山浪人家,不懂哉——"

他把那个"哉"字,拖得很长。

四月,继续采茶。这个月采的茶,做炒青最好。碧螺春是卖给别人的,炒青是口粮茶,留着自己喝。在苏州,老茶客往往更加偏爱炒青。碧螺春太嫩,两三泡就没味了;炒青呢,一杯能喝一上午。但圆圆家很少做炒青,因为忙不过来——除非熟人和回头客有预订,才会照单制作。忙活了一年,炒成的茶不足一百斤,给一个家庭贡献的收入也不过几万元。茶,只是她家收入的一小部分。我问圆圆,以后公婆老了,茶园怎么办? 她一脸茫然,说,没想好,也不知道自己愿不愿意干。过了好一会儿,她又说,边走边看吧,说不定过些年又喜欢上茶园呢。

五月,天渐渐热了。

茶农们还是要天天去茶园——修剪茶树。这是个技术活。圆圆的公公和婆婆都是行家里手，干了一辈子，早就了然于心了。这段时间最重要的一项活，是焖树，也就是把剪下的枝条就地铺在茶园里。如果你仔细观察一棵碧螺春茶树，就会发现，茶树的根部比其他树的粗壮，而枝条又很细，这就是一年又一年焖树的结果：根部一直在长，而枝条总是新的。只有新的枝条才会生长出鲜嫩的茶芽。二十多年前，茶农们会留着枝条，采夏茶，也采秋茶，现在生活条件好了，没人这样弄了，就让它烂在茶树跟前当肥料。这倒让我想起范成大《劳畲耕》里三峡深处"颇具穴居智，占雨先燎原"的做法。

　　六月，枇杷熟了。

　　去采枇杷，总能和茶树相遇，但就像村子里遇到熟人一样，顾不上多看一眼。碧螺春茶园是典型的茶果间作区。这个"果"字，可是一个庞大的家庭。碧螺春茶园里，枇杷最多，其他还有银杏、青梅、杨梅、石榴、柑橘、板栗、桃子，我能记起名字的差不多有这些。后来听朋友说，还有一种叫胜胜子的树，但我一直没见过——也许碰到过，但也认不出。这种茶果间作种植还有一个更学术的名字：碧螺春茶果复合系统。这种茶果复合式的立体种植，恰好形成了梯壁牢固、梯度布局合理、水土保持良好的生长模式。碧螺春茶树喜阴，怕阳光直晒，也怕霜雪寒冻，而果树恰好喜光，又抗风耐寒，为茶树提供了遮蔽骄阳、蔽覆霜雪的良好生长环境。碧螺春茶果复合系统因其既有悠久农耕文化历史，又具备经济与生态价值的高度统一性，于2020年1月被列入中国重要农业文化遗产名单，是第五批。自此以后，我每泡一杯碧螺春，就像是阅读一次这方山水的家园观念和历史记忆。但圆圆家的茶园里，是清一色的枇杷，因为双湾这一带最宜种枇杷。去双湾的路上，就能见到一巨幅广告牌子，上书十四个大字：世界枇杷看中国，中国枇杷问东山。十四个大红字的下方有三个小字：双湾村。苏州本地人都知道，双湾的枇杷品质最好，所以价格也要高一些。

古人有"近朱者赤，近墨者黑"之说，谈的是交友之道，对碧螺春茶园来说，何尝不是这样呢？碧螺春的佳妙之处，就是滋味里藏着隐隐约约的果香。茶树和果树根脉相通，枝丫相连，果树的花粉、花瓣、果子、落叶等落入土壤，碧螺春茶可以从土壤养分中吸收到果香和花味。这些茶树天天跟让人垂涎欲滴的果子长在一起，怎能不香？苏州的老茶客，嘴刁得很，有的能尝出茶园里枇杷树多还是橘树多。只是这些年橘树越来越少了，因为橘子卖不上好价钱。有人说，整个东山，再也找不到张艺谋拍《摇啊摇，摇到外婆桥》时那么大的橘园了。

我不知真假。

七月，杨梅熟了。茶树的花芽儿渐渐成形。偶尔，我会去茶园，同他们一起锄锄草。

八月，溪水流过老茶树。水声潺潺，不知流往何处。圆圆带我去看山，我问她溪水从哪里来，她说不知道；流向哪里，她还是说不知道。山坞里的夏风吹着，比城里清凉得多，心情也是舒畅的。环顾四周，纷红骇绿，满目斑斓，不禁想起范成大当年过永州愚溪，"我欲扁舟穷石涧"的冲动。此际的我，最奢侈的梦想是踏遍东山西山的每一座山坞，跟每一株茶树说一句：你好！

而这个月的茶树，有时候会遇到高温天气。

2022年的夏天，苏州迎来了连日高温，气温最高时40℃左右，池塘干涸了，河道也干涸了，茶树和果树危在旦夕。旱情严峻，只能主动出击，原本的农闲季泡汤了。高扬程喷灌泵用上了，汽油机泵用上了，高扬程电泵也用上了，就连镇上调拨的绿化养护车和消防车也用上了。茶农们每天起早贪黑，顶着烈日没日没夜地干，就是为了救活一棵又一棵茶树和果树——往大里说，是坚决打赢农业抗旱"攻坚战"；往小里说，是救活自己的命根子啊。

九月，施肥。最好的肥是人工肥。但现在生活条件好了，没有了，就施复合肥。圆圆回忆说，她小时候，老父亲给茶园施的是菜籽饼，一种特制的人工肥，效果极佳。

十月，主要工作是防虫。

茶园里的虫，主要有茶尺蠖、茶叶瘿螨。尽量不用农药是茶农的执念，所以用得最多的办法是物理除虫：设置一个诱灯，虫子趋光而动，迎光而来，然后用高压电网进行触杀。

十一月，橘子红了。碧螺春的花也越开越盛。茶树的花初开极小，白色；第二天略微泛黄；第三天，黄色更重些。茶花花期长，到开败差不多要一个月。但碧螺春的花是要采掉的，得把茶树的力气留下来，等着第二年长芽呢。茶树在开花，边上的枇杷树也鼓着花苞，跃跃欲试的样子。无须走近就能听到旁边蜜蜂"嗡嗡嗡"地在飞。再过些时间，就开始大批量熬制枇杷蜜。2022年11月8日，我为了拍摄碧螺春的花，去了圆圆家的茶园。她的公公和婆婆带我在茶园转了一大圈。他们一边跟我说话，一边忙着采花,手似乎从来没有停下,采掉的茶花就顺手扔到茶树下。中午返回,我跟她公公喝茶,婆婆下厨烧饭。不一会儿,一桌菜就好了。红烧塘鳢鱼、银鱼炒鸡蛋、太湖虾、蒸白鱼,汤是排骨冬瓜汤,凉菜是东山白切羊肉,说是早晨从东山镇上有名的矮马桶羊肉店买回来的。

喝不喝酒?

不喝。

那就多吃菜吧。她又特意加了一盘油焖茭白,使劲劝我,现在正是吃茭白的时节。

十二月。茶树的花也采完了,剩下光溜溜的枝条。这时间差不多又要施肥了。这次施的肥,是给明年的催芽肥打基础,山浪人家叫"基肥"。冬天天冷,但基肥也不敢少,少了,茶树翻过年就缺底气。这跟人的身体一样,底气不足,干啥也干不好。施完肥,才算真正闲下来了。圆圆总是自嘲,自己是半真半假的"茶二代"。其实她虽然不怎么去茶园,但骨子里是爱茶的。春天新茶上市,就卖茶,但一年中更多的时间经营着一家茶餐厅,就在滨湖大道上,也算是开在了家门口。餐厅名字很独特,叫"柒茶"。柒,取的是苏州方言里"吃"的发音。茶餐厅很雅致,是她自己设计的,辟有两间独立的茶室,还有两个包厢对外营业,但不是客人来了就能进的,需要预订。圆圆说,这样做是为了留出足够的时间,把最特色、最时令的东山美食提供给客人。她是一个地道的"吃货",对吃很感兴趣,现在还在挤时间上烹饪研修班,学习中式面点的做法——原本忙碌的生活里把自己安排得如此满满当当,内心是多么热爱生活啊。偶尔闲下来,圆圆也会读点跟茶有关的书,《茶经》她也翻过,似懂非懂地读;关于碧螺春的文化书籍她也读过不少,也许是一知半解,但读了总比不读好。

人生在世,虚浮不定,所以也叫浮世。一年四季里的碧螺春,也是在虚虚浮浮中度过一日又一日。人呢,喝着喝着,一年也就过去了。

又一年,过去了。

如此而已。

2022年4月30日初稿

后　记

2018年11月1日，我在家乡天水。

在苏州，一场关于世界遗产的高规格会议在这一天如期举行。高朋满座的会场，苏州凭借深厚的历史文化底蕴被授予"世界遗产典范城市"称号。苏州成为全球首个世界遗产典范城市，凭借的是在世界遗产保护工作中的不懈努力和杰出成就。这沉甸甸的荣誉和称号，既是对苏州这座城市的遗产价值的充分肯定，也赋予了苏州保护和展示城市遗产的责任。

会议能在苏州召开，实属不易。

此前的2017年11月，在于韩国庆州召开的世界遗产城市组织第十四届大会上，苏州全方位展示了江南水乡、古典园林与现代城市融合的独特风貌，经过激烈角逐，才成功赢得世界遗产城市组织第三届亚太区大会的主办权。2018年3月23日至25日，丹尼·理卡尔和联合国教科文组织城市设计与保护研究教席负责人迈克·特纳、国际博物馆协会副主席阿马雷斯瓦尔·加拉、世界遗产城市组织亚太区协调员张自玄一同来苏州周庄考察。

考察期间，丹尼·理卡尔宣布苏州成为世界遗产城市组织正式会员城市，这也是该组织首个在华正式会员。其实，早在2004年的6月28日至7月7日，联合国教科文组织世界遗产委员会第28届会议就在苏州召开，那是中国第一次承办文化和自然遗产保护领域最高规格的国际会议。不仅如此，此后苏州将每年的6月28日定为苏州文化遗产保护日，开启了地方城市文化遗产保护的新征程。

2004年，我尚在甘肃天水生活。而2018年，是我移居苏州的第四个年头。

四年里，我的写作跟以往一样，流连湖光山色，关注风物人情，相继写作的《山水客》和《石湖记》就是例证。也就是在这段时间，我对自己的写作越来越不满意，不断寻找突破之时，我于不经意间把目光落在了苏州的世界遗产和人类非遗上。一晃，又是几年过去了，当我在电脑前敲打这些文字时，我已在苏州待了近十年。这时间不长，但也不短，这些时间里我经历过挣扎、融合、纠结，始终以一种若即若离的状态生活着，也以一种若即若离的心态触摸着这座古城。这个过程，与其说我是在一座城市过着异乡生活，不如说我与苏州的世界遗产和人类非遗撞了个满怀。在更多的游客看来，苏州是座美丽的城市，是闻名遐迩的鱼米之乡、丝绸之府，物产丰富，有"人间天堂"美誉。然而，好多人并不知道的是，这座底蕴丰厚的历史文化名城，拥有两处世界遗产，一处是苏州古典园林，另一处是中国大运河的苏州段。除此之外，还有七个人类非物质文化遗产——也就是列入人类非物质文化遗产代表作名录的，它们是昆曲、古琴、苏州宋锦、苏州缂丝、苏州端午习俗、苏州香山帮传统建筑营造技艺、碧螺春制作技艺。倘若将两者叠加起来，就是九个，似乎没有哪座城市拥有如此丰富的资源。而且，据我所知，就在我写下这些文字时，苏州作为牵头城市，正在全力推动江南水乡古镇联合申报世界文化遗产工作——早在2006年首次进入《中国世界文化遗产预备名单》的江南水乡古镇里，苏州就有周庄、甪直、同里、沙溪、锦溪、震泽、黎里等古镇赫然在列。

最有趣的是，它们看似各自独立，却又紧密相连，不可分割。比如说，在某一座风雅精致的园林里，你会碰到一座精致的小亭，它就是香山帮匠人的杰作，而这座小亭曾经是曲友们清唱的地方，也有琴师携琴而来。小亭子的不远处，大运河故道的水波澜不惊地流淌着，风雅婉约的昆曲上演着，小巷深处的茶馆里，茶客们桌前的一杯明前碧螺春也刚刚喝淡。它们相互辉映，彼此勾连，共同构成了一个你既看得见又看不见的苏州。

一言以蔽之，这就是风雅有致的苏式生活。

在这本书里，我试图写下的正是这种生活方式的点滴过往。不得不承认，这是我近二十年散文写作中最认真也最较真的一本书。每一个题材，我都经历了认真钻研材料、请教专家、采访主人公和实景式体验的过程。有人曾对我说，写写，玩玩，就行了，何必这么辛苦。我承认，我有过动摇，也时时陷入才华撑不起野心的自卑与无助之中，但又一想，既然为一座城市而写，就得谨言慎行，就得在写出共性的同时更要写出个性——把我穿过茫茫人海所看到的、发现的和理解的和盘托出。我先后采访过五六十个人，他们有昆曲演员、昆曲研究学者、古琴大师，也有古建专家、乡村振兴带头人，还有太湖边普普通通的茶农。粗略统计下来，进入文本叙述的就多达二十余位遗产保护工作者和非遗传承人。其实，他们是谁并不重要，重要的是我用自己的笔墨真实地记录下了他们的日常生活和赤子之心，借助他们的一言一行、一举一动，完成了我对一座城市的理解与致敬，也触摸到了一座城市的心跳与呼吸。谢谢你们，是你们用无比的宽容，一次次接受我的叨扰，给我答疑解惑，为我讲述你们的故事。当然，于我而言，仅存的小小野心就是想给自己借居的这座城市提供一份文化元素和民间技艺相糅合的文学档案。只是，写作的过程无比艰难——如前所述，为了保持在场感，就会有大量的人物采访，我不得不面对方言这一关。不仅如此，我在面对海量的历史资料时还得进行有效整合，并尝试着实现一种独特表达——一方面是不想重复别人（因为这些题材有很多人写过了），另一方面是不想重复我自己，生怕跟以前的写作路子完全雷同。尽管最后定稿的样子也不尽人意，但我也是尽心尽力了。尤为值得一提的是，在这本书里我尝试着没有让自己的视角全部停留在古老事物的过去，而是把一部分笔力聚焦于当下苏州在保护和传承方面的努力。面对厚重的历史和灿烂的江南文化，更多的人在不断追寻过去，但我认为，面对当下以及未来，我们写作者更不应该失语和缺席。我一直记得法国历史学家莫里斯·哈布瓦赫在《论集体主义》里的一句话："过去不是被保留下来的，而是在现在的基础上被重新建构的。"以苏州为例，碧螺春茶不仅是古代十大名茶之一，就在2023年，主产地吴中区也发布了新的行动规划和纲要；再比如针对大运河，苏州专门立法，颁布条例，并于2023年5月1日起正式施行；针对香山帮，既推出了振兴计划，也印发了《关于推动苏州市"香山帮"传统建筑营造技艺保护传承的实施意见》。所有这些不仅证明苏州是一座实干、笃实的城市，还能给更多的城市以深刻的启示。

拙稿的写作过程中，得到了苏州大学文学院王宁教授、苏州图书馆陆秀萍、文史专家施晓平、琴人曹小姣等学者专家的帮助，或提供资料，或指点错漏，正是他们的无私才让书稿以现在的模样呈现于世。也许，任何感谢的话都是多余的，但我还是想起大先生在《这也是生活》里的那句话：无穷的远方，无数的人们，都和我有关。尤为值得一提的是，书中大部分篇什先后在《中国作家》《草原》《四川文学》《山西文学》等杂志刊发，拥有了更多的读者，也让人稍有心安。书稿临近付梓，如果说有什么理想的话，我希望这册书能够成为读者朋友们——陌生的或者熟悉的你们洞悉苏州历史文化和城市记忆的一把钥匙。从2018年动意写这本书到现在，六年时间过去了，中途因各种原因一拖再拖，现在回过头来看，反而是件好事，被拉长的时间恰好成全和见证了我自身的成长，也加深了我对一座城市的深刻理解。缓慢的写作过程中，从热爱到疏离，再从疏离到热爱，反反复复的纠结对我的情感来说也是一次很好的沉淀。接下来，我可能会集中抒写我所偏爱的一位南宋诗人和其家族史了。

也许，一切文字皆有命数。

2023年10月于天平山下

附录一：苏州市世界遗产和人类非物质文化遗产全名录

一、世界遗产

1.苏州古典园林（简称苏州园林）。1997年，拙政园、环秀山庄、留园、网师园列入；2000年，沧浪亭、狮子林、艺圃、耦园和退思园列入。

2.中国大运河。2014年6月，中国大运河列入世界文化遗产名录。苏州的运河遗产包括山塘河、上塘河、胥江、环古城河等运河故道和山塘历史文化街区、虎丘云岩寺塔、平江历史文化街区、全晋会馆4个运河相关遗产和盘门、宝带桥、吴江古纤道3个运河水工遗存。

二、人类非物质文化遗产

1.昆曲，2001年列入。

2.古琴，2003年列入。

3.苏州香山帮传统建筑营造技艺（作为传统木结构营造技

艺的重要组成部分），2009年列入。

4.苏州缂丝（作为中国桑蚕丝织技艺的重要组成部分），2009年列入。

5.苏州宋锦（作为中国桑蚕丝织技艺的重要组成部分），2009年列入。

6.苏州端午习俗（作为中国端午节的重要组成部分），2009年列入。

7.碧螺春制作技艺（作为中国传统制茶技艺及其相关习俗的重要组成部分），2022年列入。

附录二: 参考书目

1.〔东汉〕赵晔原著,张觉校注:《吴越春秋校注》,岳麓书社,2006年4月。

2.李步嘉校释:《越绝书校释》,中华书局,2013年5月。

3.〔宋〕朱长文撰,金菊林校点:《吴郡图经续记》,江苏古籍出版社,1999年8月。

4.〔宋〕朱长文著,林晨编注:《琴史》,中华书局,2010年9月。

5.〔明〕杨循吉等著,陈其弟点校:《吴中小志丛刊》,广陵书社,2004年12月。

6.〔清〕顾禄撰,王迈校点:《清嘉录》,江苏古籍出版社,1999年8月。

7.陈嵘、周秦主编:《中国昆曲论坛2013》,古吴轩出版社,2015年8月。

8.葛斐尔著:《名画中的古琴》,文化艺术出版社,2013年9月。

9.黄松编著：《世界遗产概览》，同济大学出版社，2021年5月。

10.孟琳著：《香山构驾》，凤凰出版社，2015年12月。

11.顾凯著：《明代江南园林研究》，东南大学出版社，2010年3月。

12.闻一多著：《闻一多中国神话十五讲》，江苏凤凰文艺出版社，2022年3月。

13.苏州市政协文史委员会编：《运河名城——苏州》，古吴轩出版社，2012年6月。

14.朱琳著：《昆曲与江南社会生活》，广西师范大学出版社，2007年12月。

15.朴文英著：《缂丝》，苏州大学出版社，2009年12月。

16.谢燮清、章无畏、汤泉编著：《洞庭碧螺春》，上海文化出版社，2009年5月。

17.《氧气生活》吴门琴韵专辑，2013年8月。

18.《苏州》，2023年第4期。

19.《现代苏州》，2020年第13期。